LE GÉNÉRAL DE SONIS

LE HÉROS DE PATAY

7ᵉ édition

M. T. JOSÉFA

LE GÉNÉRAL DE SONIS

Le Héros de Patay

ILLUSTRATIONS

DE

E. BOUARD.

PARIS

LIBRAIRIE SAINT-JOSEPH

TOLRA, LIBRAIRE-ÉDITEUR

112 bis, RUE DE RENNES, 112 bis

combattait l'armée de la Loire, commandée par le général d'Aurelles de Paladines.

Après des prodiges de valeur, des actes de dévouement héroïque, une habileté de commandement que déjouèrent seules la supériorité du nombre et la facilité de concentration que donnaient aux Allemands les positions déjà conquises, l'armée française dut battre en retraite et abandonner le champ de bataille.

Des deux côtés, les victimes avaient été nombreuses. La défaite de Loigny coûtait à la France environ 6,600 hommes, dont 2,500 prisonniers, onze canons dont huit à Loigny même et trois à Pourpry. L'ennemi laissait bien, pour sa part, 5,000 hommes sur le terrain.

La victoire avait été longuement et courageusement disputée. Au dernier moment, un effort héroïque du régiment des *zouaves pontificaux*, appelés aussi les *volontaires de l'Ouest*, faillit changer le sort de la bataille. Comme jadis aux Thermopyles, trois cents de ces braves, la fleur de la noblesse et de la chevalerie française, avaient été désignés pour occuper le point le plus menacé. Quand on fit l'appel, des trois cents partis le matin, cent quatre-vingt-dix-huit zouaves et onze officiers manquaient. Ils étaient tombés glorieusement à l'ombre de la bannière du Sacré-Cœur, bannière trouée de balles et toute sanglante, qu'un des leurs, le zouave Le Parmentier, avait sauvée des mains de l'ennemi.

Une douloureuse nécessité avait dû laisser aux Allemands, non seulement le champ de bataille, mais encore le soin des blessés. Toutes les ressources du pays étaient épuisées. Le village de Loigny brûlait. L'armée ennemie se portait en avant et poursuivait nos troupes. Force était d'abandonner les victimes, au moins momentanément, et de les confier à la générosité du vainqueur.

A la tête des trois cents zouaves pontificaux qui s'étaient précipités à l'attaque de Loigny, marchait le commandant du 17ᵉ corps, le général Gaston de Sonis. Il s'était élancé au cri de : « Vive la France ! Vive Pie IX ! » Il tomba un des premiers. Blessé d'un coup de feu à la cuisse, Sonis cria au capitaine Brugère, son officier d'ordonnance : « Mon ami, prenez-moi dans vos bras; c'est fini pour aujourd'hui. » Aidé de M. de Harscouët, l'officier dessella le cheval du général qui était criblé de balles, plaça la selle sous la tête du blessé, et, obéissant malgré eux à l'ordre de leur chef qui les obligeait à se retirer, les deux militaires laissèrent à la garde de Dieu et de ses anges l'ami qu'ils ne pouvaient plus efficacement secourir. Celui-ci avait la jambe brisée en vingt-cinq morceaux.

L'armée prussienne arrivait en ordre et en rangs pressés. Elle passait, sans dévier d'une ligne, sur le corps des vaincus. Le sol, couvert de neige, était durci par la gelée. La troupe, dans l'enivrement de la victoire, poursuivait les fuyards. A peu de distance du général se trouvait un malheureux blessé, le brave commandant de Troussures. Appuyé sur le coude, il fut renversé brutalement par un soldat allemand qui l'acheva d'un coup de crosse.

En arrivant à la hauteur des cadavres et des agonisants, les fantassins s'arrêtaient et enlevaient aux morts les armes qui pouvaient avoir quelque valeur. Le général de Sonis, s'attendant à toute minute à être écrasé, suivait de l'œil tous leurs mouvements. Un soldat s'approcha de lui, le retourna avec brutalité et lui enleva son épée et son pistolet. Les troupes continuaient en ligne leur marche en avant. Un autre militaire se pencha à son tour sur de Sonis. Celui-ci recommanda son âme à Dieu; il crut sa dernière heure arrivée. Mais c'était un mouvement de pitié qui inclinait ce cœur compatissant vers l'ennemi vaincu.

Le général était à jeun depuis vingt-quatre heures. L'étranger approcha sa gourde des lèvres du blessé, replaça soigneusement sa tête sur la selle du cheval, le couvrit avec la couverture tigrée qui se trouvait auprès de lui, et, lui serrant doucement la main, lui dit avec un regard de pitié : « Camarade! » C'était sans doute le seul mot de français qu'il connût. Sonis, impuissant à témoigner sa reconnaissance, en guise de remercîment, lui montra le ciel du doigt.

Les compagnies défilèrent ainsi successivement. Puis le silence se fit. Un silence de mort troublé seulement par les plaintes des mourants. De temps en temps, un cri déchirant se faisait entendre dans la nuit : « Docteur! Docteur! L'ambulance! L'Ambulance! » Hélas! cet appel suprême n'était pas entendu. Un reflet rougeâtre éclairait ce champ de carnage. C'étaient les hameaux voisins en feu, que les Prussiens incendiaient. On distinguait, à deux cents mètres de là, les silhouettes des soldats allemands se chauffant autour des maisons qui brûlaient.

Cependant, l'ambulance prussienne se mit en

devoir de venir au secours des victimes. Ils relevè-
rent les leurs et quelques soldats français. Il était onze
heures du soir; la neige tombait à gros flocons. Le
général de Sonis distinguait, dans la nuit sombre, les
énormes lanternes rouges sphériques des médecins et
des infirmiers allemands occupés à relever les blessés.

Soit qu'il n'eût pas été aperçu, soit que les infirmiers l'eussent tenu pour mort, ils ne firent au général aucune offre de secours. Celui-ci avait fait le sacrifice de sa vie; il ne voulut rien demander à
l'ennemi. Il vit les feux rouges des lanternes piquer
d'étincelles diamantées la neige durcie, puis s'éloi-
gner. Peu à peu les cris avaient cessé. Les moribonds
rendaient l'âme, le froid engourdissait tout. Gaston
de Sonis n'avait plus qu'à mourir.

MM. de Harscouët et Brugère avaient emporté, en
le quittant, ses derniers adieux à sa famille. Parfaitement lucide, car durant ces longues et cruelles heures
le blessé, qui n'avait point perdu connaissance, songeait avec angoisses à ceux qu'il laissait derrière lui.

Si la mort, la destruction d'un être doué du sentiment de l'immortalité répugne à l'instinct de conser-
vation, pour l'époux, le père de famille, cette répu-
gnance se double d'inquiétudes ignorées du célibataire.

Sa femme! ses enfants! — Dieu lui en avait donné douze! — le général les chérissait de toute la force de son grand cœur. La pensée amère de la séparation ajoutait toutes les tortures morales à la souffrance physique. De l'horrible blessure, le sang coulait goutte à goutte; c'était la mort à bref délai, et, dans cette affreuse situation, qu'on imaginera difficilement plus pénible et plus angoissante, la souffrance n'avait toutefois pas dit son dernier mot. Le général de Sonis était chrétien, et, dans l'âme du mourant, la foi, la confiance en Dieu, les immortelles espérances surnageaient.

Peu de temps avant la guerre, Sonis avait fait un pèlerinage à Notre-Dame de Lourdes. Dans cet instant critique, le souvenir de la Mère immaculée, telle qu'il avait vu sa statue dans la grotte Massabielle, se présenta naturellement à l'esprit de ce dévot serviteur de la Reine du ciel. Invisiblement assisté par la Sainte Vierge, le général puisa dans cette vision une force que la science humaine ne saurait expliquer. Une sorte d'engourdissement miraculeux endormit ses douleurs, tout en lui laissant assez de liberté d'esprit pour distinguer deux formes humaines qui se traînaient péniblement sur la neige et vinrent échouer à ses côtés.

C'étaient deux jeunes zouaves pontificaux, tombés sous les balles de l'ennemi, qui venaient demander à leur général de leur apprendre à mourir.

L'un, un pauvre Breton, nommé Auger, avait été attaché, avant la guerre, au service du curé de Saint-Brieuc. L'autre, Delaporte, était un ouvrier cordonnier parisien. Tous deux, enfants du peuple et chrétiens convaincus, voulaient, avant de paraître devant Dieu, entendre parler de Lui.

« Nous étions tous trois, a écrit plus tard le général de Sonis, sur le seuil de ces espérances éternelles qui forment comme le prix de ce grand combat qu'on appelle la vie. Sur ce seuil, l'Eglise a placé Marie, afin d'inspirer confiance à ceux qui doivent le franchir. La Vierge immaculée fut donc l'objet de mon entretien avec les deux jeunes gens.

» Au bout d'un certain temps, ils s'aperçurent que leurs blessures leur permettaient de marcher. L'un avait reçu une balle qui lui avait enlevé toute la peau du front; il était inondé de sang. L'autre n'avait qu'une blessure sans gravité. S'aidant mutuellement, ils essayèrent de se traîner plus loin, me firent leurs adieux et tentèrent de se rendre au village voisin; mais, avant d'y arriver, ils furent faits prisonniers. »

Ce ne fut pas le seul épisode de cette nuit d'agonie.

Après le départ des deux zouaves, M. de Sonis retomba dans ce qu'on pourrait appeler une contemplation extatique. Il revoyait la grotte de Lourdes et la Vierge Marie. Cette vision l'absorba au point qu'il oubliait complètement ses douleurs et qu'il n'aperçut pas un autre jeune zouave qui se traînait sur la neige et vint appuyer sa tête mourante sur l'épaule du général. C'était Fernand de Ferron. Le jeune blessé expira peu après.

Vers cinq heures du matin deux officiers prussiens s'approchèrent du général. Lui voyant les yeux ouverts, ils ne le touchèrent pas, mais se penchèrent avidement sur le cadavre couché à ses côtés. Ce fut seulement alors que le général de Sonis aperçut le pauvre zouave pontifical que les deux Prussiens dépouillaient de son caban, de sa ceinture et de tout l'argent qu'il avait sur lui, sans s'inquiéter davantage du blessé étendu sur le sol depuis la veille et que la neige recouvrait presque entièrement.

Enfin, vers dix heures du matin, quelques voix françaises retentirent non loin de là. M. l'abbé Batard, aumônier des mobiles de la Mayenne, parcourait le champ de bataille. Il aperçut tout à coup sous la neige un bras d'homme qui s'agitait. C'était le général de Sonis qui n'avait plus que la main droite de libre et qui faisait un signe d'appel en rassemblant tout ce qui lui restait de voix pour crier au secours.

L'aumônier accourut : « Monsieur l'abbé, vous arrivez à temps, dit le général, je vais mourir. — Non, général, espérons que votre blessure n'est pas mortelle. — J'ai la jambe brisée. Je suis ici depuis hier soir sans pouvoir faire un mouvement. Que la nuit a été froide ! J'ai bien offert mes souffrances pour le salut de notre pauvre pays. »

Pendant ce sublime dialogue, l'aumônier songeait à transporter de Sonis qui perdait tout son sang. Une soif ardente dévorait le blessé. On approcha ses lèvres d'une marmite, empruntée à deux Bavarois, qui contenait je ne sais quel breuvage, et l'on se mit en devoir de chercher un moyen de transport.

Un cheval errant sur le champ de bataille avait été arrêté. Dans une ferme voisine, on trouva une voiture, mais les Prussiens s'opposèrent à ce que l'on prît les harnais. On courut au village, demandant en grâce une paillasse ou un matelas. A défaut de brancard on s'apprêtait à prendre une échelle, lorsque le digne curé de Loigny, M. l'abbé Theuré, prononça

Une vieille négresse nommée Berthilde, qui lui servait de bonne, le menait sur la place de la Victoire. (Page 25.)

le mot de général. Cela donna l'éveil au chef de l'ambulance prussienne qui offrit une civière en faisant accompagner l'objet prêté par un de ses hommes pour le rapporter à l'ambulance, car ils allaient quitter Loigny.

Toutes ces démarches avaient duré environ deux heures. Il était près de midi lorsqu'on put enfin relever le pauvre patient auquel le moindre mouvement causait des souffrances affreuses et qui répétait à chaque instant : O Jésus! Mon bon maître! Vous avez souffert plus que moi.

Ce fut ainsi qu'il arriva au presbytère de Loigny.

On peut deviner dans quel état était le corps de l'héroïque soldat après plus de vingt heures passées étendu sur la neige. Les membres étaient tellement raidis qu'il fallut mille et une précautions pour arracher pièce à pièce les vêtements gelés qui l'enveloppaient. Couché sur la paille qu'on avait semée dans la chambre, le général de Sonis n'avait plus que le sentiment d'une atroce douleur physique. Lorsqu'on le déposa sur le lit du curé, le médecin put constater l'état de son malade. L'extrémité de l'os du fémur était non seulement brisée, mais littéralement broyée. L'autre jambe était complètement gelée, et le froid de la terrible nuit avait provoqué une fluxion de poitrine.

Le médecin, qui voulut sans doute donner au blessé des espérances qu'il ne partageait guère, déclara que l'amputation pourrait être évitée.

« Cette obligeante déclaration, racontait plus tard M. de Sonis, partait d'un bon sentiment; mais elle fut loin de compenser la souffrance que ce digne praticien me fit endurer involontairement. Examinant mes plaies, il se mit en devoir de me panser. Mais, n'ayant rien sous la main, il imagina de m'emmailloter de tortillons de paille et de m'emboîter la jambe dans des débris de planche. Je restai dans cette façon de cercueil jusqu'au lendemain, 4 décembre. »

Ce jour-là, M. Baumetz, le chirurgien major, vint à Loigny. Après l'inspection de la blessure, il reconnut, hélas! que l'amputation de la cuisse s'imposait.

A cette émouvante nouvelle le général de Sonis ne perdit rien de sa résignation, de sa confiance en Dieu et de ses sentiments patriotiques. Il eut une réponse sublime : « Docteur, je vous appartiens. A la volonté de Dieu! »

Ce fut là la première pensée du chrétien; mais le soldat ajouta aussitôt :

« Tâchez seulement de m'en laisser assez pour que je puisse encore monter à cheval et servir la France! »

Ce souhait d'un brave a été exaucé, et c'est cet héroïque serviteur de la France que nous voudrions présenter à l'imitation de nos futurs conscrits, et à l'admiration de nos jeunes lecteurs.

II

NAISSANCE ET ENFANCE DE GASTON. STANISLAS. JUILLY.
MADEMOISELLE DE SONIS.

Louis-Gaston de Sonis naquit aux Antilles dans l'île de la Guadeloupe, le 25 août 1825. Cette île, coupée en deux par un petit détroit appelé la *Rivière salée*, se divise en deux parties : la Basse-Terre et la Grande-Terre. Pointe-à-Pitre, où habitaient alors les parents du nouveau-né, était à cette époque une ville de douze à quinze mille habitants et la capitale de la Grande-Terre.

La famille de Sonis était une famille française établie à la Guadeloupe depuis de longues années.

Le père de Louis-Gaston était militaire. Il se nommait Charles-Gaston de Sonis et avait alors le grade de lieutenant au 13e d'infanterie.

Il avait épousé, depuis quelques années seulement, une jeune femme de dix-huit ans, mademoiselle Sylphide de Bébian, veuve de M. Chanais de Lestortières, d'une ancienne famille du Poitou, et mère d'une petite fille de deux ans, Joséphine de Lestortières, qui, si l'on en juge par l'affection profonde qui unit pendant toute sa vie le général et sa sœur aînée du côté maternel, dut accueillir avec joie le nouveau venu, le premier fils du jeune lieutenant.

Louis-Gaston avait été précédé dans la vie par une autre sœur nommée Aline. Après lui vinrent encore Marie de Sonis et Théobald, le cadet. La plus franche amitié régna toujours entre les cinq enfants. Les joies si pures de la famille auraient été longtemps le partage des heureux habitants de la colonie, si l'épreuve, ce creuset destiné à épurer les âmes et à les tremper fortement pour les luttes de la vie, n'était venue s'abattre sur ce bonheur paisible, pour donner de bonne heure au petit Gaston les grandes leçons de détachement et d'amour de la volonté divine qu'il devait un jour si héroïquement pratiquer.

Les souvenirs joyeux de la petite enfance de Gaston de Sonis ne remontaient qu'à sa septième année.

Ces souvenirs un peu vagues avaient plus tard, pour

le général, le charme d'un beau rêve. Il revoyait la Pointe-à-Pître, le golfe des Antilles, une grande habitation entourée d'un large balcon qui surplombait la mer; une vieille négresse, nommée Berthilde, qui lui servait de bonne et nourrissait les sympathies ouvertement affichées du bambin pour l'uniforme, en le menant sur la place de la Victoire pour voir manœuvrer les soldats. Gaston se souvenait encore des promenades en litière attelée de mulets, et des courses à cheval pendant lesquelles l'enfant, assis sur un oreiller, sur le devant de la selle de son père, admirait la végétation des tropiques et puisait dans la contemplation des beautés de la nature ce goût des œuvres divines qui firent toujours sur son âme une très vive impression.

Au-dessus de ces majestueux paysages des îles planait une figure attrayante, quoique grave et toujours un peu triste. C'était la mère de Gaston. Avant son second mariage, madame de Lestortières avait déjà bu largement à la coupe amère des chagrins de ce monde. Il lui en était resté quelque chose. Les nègres qui la servaient avaient, par haine et par jalousie, attenté à sa vie et à celle de son premier mari. Elle eut toute sa vie le vague soupçon que M. de Lestortières était mort empoisonné par ses serviteurs en révolte. Ces inquiétudes, cette fin tragique avaient laissé sur ce beau visage de créole une empreinte mélancolique. L'affection, les soins empressés de M. de Sonis avaient adouci cette impression sans l'effacer complètement. Ce qui restait de tristesse sur ce visage était peut-être un pressentiment. Madame de Sonis aimait passionnément son mari et ses enfants. Elle devait, ainsi qu'il arrive communément, souffrir dans ce qu'elle aimait le plus. Une douloureuse séparation, qui, pour la mère de famille, devait être éternelle, n'allait pas tarder à lui être imposée.

Après la révolution de 1830, le grand-père paternel du petit Gaston était mort à Neufchâteau, dans les Vosges.

Cette mort, jointe aux exigences de la carrière mouvementée du lieutenant de Sonis, le rappelait en France. A Pointe-à-Pître, M. de Bébian, le père de madame de Sonis, était trop âgé pour que sa fille pût le quitter. Il fut décidé que cette famille si tendrement unie en formerait deux jusqu'à nouvel ordre. M. de Sonis, les deux filles aînées et le petit Gaston reviendraient à Neufchâteau, tandis que M. et madame de Bébian, madame de Sonis et ses deux plus jeunes enfants, Marie et Théobald, demeureraient aux colonies.

Le petit garçon était doué d'une grande sensibilité. Aussi, malgré l'attrait d'un déplacement et d'un beau voyage en France, qui devait ravir cette imagination de sept ans, le chagrin de quitter sa mère fut si vif qu'il fallut cacher à l'enfant la longueur et le terme du voyage. Quel n'eût pas été son désespoir s'il avait pu prévoir que cet adieu si déchirant pour la mère et pour le fils devait être le dernier !

Après un court séjour à Neufchâteau, M. de Sonis fut promu au grade de capitaine. Il avait quitté les colonies afin de pouvoir servir dans la cavalerie, arme qu'il préférait entre toutes. Il entra au 2e dragons, en garnison à Paris.

Sa vieille mère s'était décidée à suivre son fils dans la capitale et à tenir son ménage en attendant l'arrivée possible de sa bru. Dans le modeste appartement de la rue Tronchet, on vécut pendant trois ou quatre ans de souvenirs, de correspondances fréquemment échangées avec les colonies et de désirs d'une réunion prochaine, lorsqu'une lettre arrivée de la Guadeloupe mit toutes ces belles espérances à néant. Madame de Sonis venait de mourir à Pointe-à-Pître, suivie bientôt du grand-père de Bébian. Madame de Bébian réclamait la présence de sa petite-fille, Joséphine de Lestortières. Celle-ci fut renvoyée aux Antilles avec sa sœur Aline. D'un autre côté, madame de Sonis, la mère, était retournée à Neufchâteau chez un autre de ses fils. Le capitaine n'avait plus de foyer. Il plaça le petit Gaston au collège Stanislas. La mort avait fait dans la famille de Sonis l'effet d'un de ces formidables coups de vent qui ne laissent rien debout. La tempête avait dispersé ses membres et terminé pour l'enfant cette douce période de la vie de famille, à l'âge où rien ne remplace la tendresse éclairée d'un père, d'une mère chrétienne, et les fraternelles affections.

Ce fut à Stanislas que Gaston de Sonis fit sa première communion.

Le collège était alors ce qu'il est encore aujourd'hui, un établissement catholique où les fortes études sont en honneur, et où la foi religieuse, bannie des lycées de l'Etat, est le plus ferme appui de l'ordre et de la discipline. Cette tendance, alors comme aujourd'hui, attirait à juste titre la confiance des parents chrétiens. Cette première bonne influence fut décisive dans la direction de la vie de l'enfant. Dieu avait été montré à cette âme pure et enthousiaste. Cette rencontre devait cimenter entre le Créateur et sa créature une amitié éternelle. La piété du petit Gaston se développa si bien qu'il fut admis à la Sainte-Table à dix ans; et ses dispositions étaient alors si pieuses et si parfaites qu'il put écrire plus tard, avec une reconnaissance passionnée pour Celui qui l'avait appelé à Lui dès sa jeunesse : « J'ai toujours cru fermement que ma première communion avait été la plus grande bénédiction de ma vie. »

Gaston de Sonis ne demeura qu'une année à Stanislas. L'année suivante, 1837, il entra à Juilly.

Cet ancien collège des Pères de l'Oratoire venait d'être rétabli sous la direction de deux ecclésiastiques distingués : MM. de Salinis et de Scorbiac. L'enfant retrouva à Juilly les traditions pieuses de Stanislas, les principes chrétiens sans lesquels l'éducation la plus raffinée n'est qu'un vernis sans consistance, et ces chaudes amitiés que les murs du collège abritent et consolident, un des charmes de l'enfance et de la jeunesse, et qui résistent le mieux au souffle glacé de l'absence et du temps.

Un des anciens condisciples de Gaston nous fait un portrait flatteur de l'élève de Juilly à cette époque :

» C'était un bel adolescent, dit-il, bien élancé, bien pris, plutôt gracieux que vigoureux, d'une grande finesse de traits et délicatesse de membres, avec une tenue distinguée et tout aristocratique. »

Le jour de son arrivée à Juilly, les airs gracieux et un peu frêles du *nouveau* lui attirèrent les agressions brutales d'un camarade mal élevé. Un grand élève, Louis de Sèze, se constitua le défenseur du pauvre Gaston ahuri d'une aussi violente brimade. Ce fut le point de départ d'une amitié qui ne devait finir qu'avec la vie.

Toutes les sympathies du collège allèrent d'ailleurs bien vite vers ce charmant garçon, doux et affectueux, que rien ne distinguait de ses camarades, sinon le calme et la dignité des manières et certaines allures un peu timides qui d'abord trompèrent quelques-uns sur sa brillante destinée. Les clairvoyants, les observateurs, les tireurs d'horoscopes du pensionnat n'avaient pas prévu le futur général dans l'élégant élève qu'ils appelaient en riant : *Mademoiselle.*

Mais au manège, *Mademoiselle* de Sonis prenait bravement sa revanche de cette amicale plaisanterie. Gaston était né cavalier. Ses promenades à dos... d'oreiller l'avaient aguerri de bonne heure. Il montait

et maniait un cheval avec un sang-froid, une habileté, une intrépidité sans exemple.

Cette hardiesse, ce goût prononcé pour les exer-
cices équestres n'empêchaient pas Gaston d'être un
excellent élève. Ses facultés étaient plus solides que
brillantes. Sans tenir constamment la tête de sa classe
Sonis était un travailleur et il se maintenait dans un
bon rang. Ses camarades de Juilly ont conservé le
souvenir d'une certaine composition d'histoire que
M. Léon Boré, leur professeur, leur avait donnée
comme sujet à développer. Il s'agissait de la mission
de Jeanne d'Arc prouvée par ses victoires. La fibre
patriotique eut, dès le plus jeune âge, dans l'âme de
l'enfant des échos attendris. La composition fut re-
marquable et remarquée. Gaston fut le troisième sur
quarante et le professeur fit à son travail l'honneur
d'une lecture publique.

Qui eût dit au petit écolier d'alors qui décrivait
avec enthousiasme la victoire de Jeanne d'Arc dans
les plaines de Patay, qu'il serait lui aussi, sur cette
même terre arrosée du sang de tant d'Anglais vaincus,
le héros d'une journée aussi sanglante et non moins
glorieuse, malgré la défaite? Car l'histoire dira qu'il
fallut l'effort de toute une armée allemande pour

vaincre trois cents zouaves pontificaux abrités sous la bannière du Sacré-Cœur de Jésus et animés par l'exemple et les sentiments de foi et de patriotisme d'un grand soldat chrétien (1).

(1) Les historiens de la guerre de 1870 donnent indistinctement à la bataille du 2 décembre le nom de bataille de Patay ou de bataille de Loigny. Mais généralement le nom de Loigny est celui qui a prévalu.

III

LA VOCATION DE GASTON DE SONIS.
A SAINT-CYR. — A SAUMUR. — LA PREMIÈRE GARNISON.
LE MARIAGE DE GASTON.
A LIMOGES. — UNE PREMIÈRE ÉPREUVE.

ES impressions d'enfance ont souvent sur toute la vie une influence décisive. On a vu, de l'aveu même de Gaston de Sonis, quels souvenirs précis le petit garçon avait conservés avant l'âge de sept ans de son séjour aux îles.

Enfermé entre les murs du collège de Juilly, l'imagination du jeune créole se donnait libre carrière. La mer, la mer surtout déroulait devant l'adolescent des horizons nouveaux. Pour les âmes éprises d'infini et d'idéal, l'Océan aura toujours un attrait instinctif. Cet attrait, le petit Gaston l'avait ressenti à six ans, par une belle nuit d'été, pendant un court voyage fait en compagnie de son père dans l'île de la Guadeloupe.

Couché au fond d'une pirogue servie par une dizaine de nègres qui ramaient vigoureusement, l'enfant arrivé à l'âge d'homme racontait que Dieu se révéla à lui pour la première fois dans ce cadre grandiose de la mer des Antilles, cette nuit-là calme et sans vague.

« Ma tête, rapporte-t-il, était tournée vers le ciel étincelant d'étoiles plus belles et plus brillantes les unes que les autres. Le silence de cette nuit n'était troublé que par le bruit des rames. Je sentis battre mon cœur dans l'extase de l'admiration. »

Cette admiration enfantine et l'extase de cette nuit merveilleuse faillirent détourner le jeune homme de sa brillante destinée. Etre soldat ne suffisait plus à l'aventureuse ambition de l'enfant des îles. Il voulait être marin.

Dans ce but, il quitta Juilly, sa classe de seconde terminée, et il entrait dans une pension qui se disait le vestibule de l'école navale.

A tous les points de vue, le choix de la pension était malheureux. Les principes y étaient, paraît-il, aussi maltraités que les études. Gaston n'y passa qu'une année, échoua à l'examen d'admission pour l'école navale et quitta l'institution pour préparer dans une autre école, aussi peu recommandable d'ailleurs que la précédente, son entrée à Saint-Cyr.

A cette époque, M. Charles de Sonis avait pu reconstituer en France le foyer que tant d'événements douloureux avaient dissous. Il était alors chef d'escadron au 1er chasseurs en garnison à Libourne. Ses filles revenues des colonies l'entouraient de leurs soins et amusaient de leur gaieté cet intérieur militaire d'où la mère était partie trop tôt. Théobald de Sonis, le plus jeune de la nichée, passait gaiement ses vacances en famille en attendant la rentrée des cours à l'école de la Flèche. Il avait alors quinze ans. Gaston, après avoir passé des examens dont il augurait bien, espérait son admission à l'Ecole militaire. Tout était calme et paisible autour des jeunes gens. A cette heure le ciel de leur vie semblait sans nuage. Ces apparences sereines n'empêchèrent pas la foudre d'éclater.

Ce coup de foudre, ce fut la mort du père de famille ravi subitement aux siens des suites d'une hémorragie qui le surprit à Bordeaux dans une chambre d'hôtel, en accompagnant le jeune Théobald à l'école de la Flèche.

Gaston et ses sœurs, appelés par dépêche, accoururent. Ils passèrent tous cinq une dernière journée auprès du lit du mourant trop affaibli pour pouvoir adresser une seule parole à ces êtres chéris qu'il quittait à regret. Les jeunes filles portaient encore le deuil de leur grand'mère de Sonis, morte à Neufchâteau l'année précédente. Le lendemain de cette douloureuse veille, Gaston était devenu le chef de la famille, le tuteur de quatre orphelins, et il n'avait pas vingt ans.

Le problème de la vie de famille fut de nouveau remis en question. Il fut résolu dans un sens négatif. Pour la troisième fois, une douloureuse séparation s'imposait. A quelques jours de là, Gaston reçut l'avis de son admission à Saint-Cyr. Son jeune frère rentra à l'école de la Flèche et ses sœurs, sous la conduite de M. de Bernay, oncle de Joséphine de Lestortières, repartirent pour les colonies.

Une question qui complique singulièrement les destinées de ce monde, c'est la question d'argent. La carrière militaire toute de désintéressement d

M. de Sonis lui avait permis de vivre, d'élever honorablement sa famille, mais ne lui laissait pas le plus mince héritage pour assurer son avenir. D'un autre côté, le cataclysme de 1843, arrivé dans les colonies, avait englouti dans le désastre d'un tremblement de terre la plus grande partie de l'avoir de madame de Sonis ; de sorte que, dès le début de sa carrière, Gaston eut à lutter contre les difficultés matérielles de l'existence qui devaient, pendant toute sa vie, être l'objet de cuisants soucis.

« Il y a bien des moyens de transport pour le ciel, écrivait un jour plaisamment un grand publiciste de notre époque, auquel la carrière militante et mouvementée du journalisme avait appris à se servir de bien des véhicules divers. On y va en ballon, en chemin de fer, en voiture, à dos d'âne, voire même en brouette. Moi, je voyage encore plus simplement. J'y vais à pied, mon cher, avec une petite pierre dans mon soulier. Parfois la pierre se loge dans un coin et j'ai l'illusion de croire que je ne la traîne plus ; puis, au moindre mouvement, crac ! je la sens. C'est chaque fois une nouvelle surprise qui me fait faire la grimace et me fait crier : Aïe ! sans aucun respect humain. »

Gaston de Sonis devait, comme Louis Veuillot, sentir cette pierre d'achoppement. L'absence complète de fortune lui apprit à faire de bonne heure à Dieu le sacrifice de la sécurité. Ce sacrifice, généreusement accepté, développa en lui la vertu de confiance, d'abandon à la Providence qui le caractérisa. Peut-être est-ce là même qu'il faut chercher et trouver le secret de cette force de caractère, de ce désintéressement, de cet amour du travail, qui furent les plus beaux traits de cette nature d'élite? L'épreuve l'avait mûri. A vingt ans, Gaston de Sonis avait compris qu'il avait son avenir en main. Il dépendait de lui-même, de son application, de sa soumission à ses chefs. Il n'avait plus l'appui fort et doux d'un père, d'une mère aimée, surveillant de loin ses études, encourageant ses succès, compatissant à ses difficultés. Ses sœurs étaient reparties pour le Nouveau Monde, le travail fut pour le jeune saint-cyrien un refuge contre ce dangereux isolement. Il mérita l'estime et la confiance de ses chefs, devint un des élèves brillants de Saint-Cyr et fut désigné, grâce à son rang de mérite, pour l'école de cavalerie de Saumur, d'où il sortit en 1848 avec le brevet de sous-lieutenant au 5e hussards.

La première garnison de Gaston de Sonis se fit dans le Midi. Son régiment était envoyé à Castres.

Dans cette petite ville du Languedoc, le jeune hussard fit une rencontre qui fixa sa destinée.

L'arrivée d'un nouveau régiment excitait naturellement la curiosité des habitants de Castres. Tout le monde était aux fenêtres pour voir défiler les hussards. Sonis faisait partie de l'avant-garde et écoutait complaisamment un officier mieux renseigné qui lui parlait de la société de Castres et lui désignait une jeune fille d'une des familles les plus considérées de la petite ville.

C'était mademoiselle Anaïs Roger, la fille d'un honorable notaire, dont la grâce sympathique frappa vivement les yeux du jeune sous-lieutenant. Gaston fut présenté dans cette famille. Il y fut agréable et agréé.

L'année suivante, il épousait mademoiselle Roger. Les deux jeunes gens s'estimaient, n'étaient riches que d'honneur, de vertus et des souriantes illusions de la jeunesse. Les sentiments chrétiens furent la base d'un bonheur domestique qui, malgré les épreuves inévitables de cette vallée terrestre, n'a jamais été déçu.

Pendant que ces événements s'accomplissaient pour Gaston, ses sœurs étaient revenues en France terminer leur éducation. Elles habitaient Paris, et une correspondance fréquemment échangée maintenait le jeune lieutenant au courant de la vie de pensionnaires de celles qu'il chérissait fraternellement malgré l'absence.

Cette séparation constante des siens fut l'épine de la vie de Gaston de Sonis. Esclave du devoir, le militaire n'a le droit de prendre racine nulle part. Les incessants changements de garnison font de cette carrière une vie de voyages et de déplacements. Peu après son mariage, les hussards de Castres furent envoyés à Pontivy, puis à Paris, où la joie de la réunion de Sonis avec ses sœurs fut de courte durée. Mademoiselle Aline de Sonis, dont la vie devait être courte, épousa bientôt le docteur Flandin. Joséphine de Lestortières et Marie de Sonis, suivant une voie plus haute, entrèrent au carmel de Poitiers. Théobald se destinait, comme son aîné, à l'état militaire. Gaston suivait de loin ses études et ses succès.

Un premier enfant, accueilli avec amour, vint cimenter la tendre affection qui unissait les jeunes époux. Le lieutenant lui imposa son propre nom de Gaston.

C'était mademoiselle Anaïs Roger, la fille d'un honorable notaire... (Page 39)

Peu après, le régiment prenait garnison à Limoges. Il y séjourna trois ans. Ces trois années furent peut-être les plus heureuses et les plus regrettées de M. et madame de Sonis.

Le jeune lieutenant retrouvait dans cette ville quelques-unes des chaudes amitiés du collège de Juilly. Il y retrouvait surtout un ami de cœur : M. Henri Lamy de la Chapelle. M. Lamy était marié depuis peu. Il n'avait pas d'enfant. Les deux jeunes femmes sympathisèrent bien vite. On passait presque toutes les soirées chez M. et madame Lamy. Cette intimité était une des grandes douceurs de la vie de Sonis, et lorsque les exigences de sa carrière l'obligèrent à quitter Limoges, Gaston écrivait les larmes aux yeux : « Chères conversations, causeries interminables auxquelles je ne savais donner de fin qu'après avoir annoncé trois ou quatre fois que je m'en allais. Souvenirs précieux pour moi, qui aujourd'hui, hélas ! ne vis plus que de souvenirs ! »

Gaston de Sonis vivait de souvenirs ; mais il vivait surtout de foi et d'amour de Dieu, et il est temps de faire connaître un peu plus à fond cette belle âme de soldat qui était avant tout une âme de chrétien.

Les années passées dans les écoles irréligieuses et

immorales dont nous avons parlé, au moment de la préparation pour le *Borda* et pour Saint-Cyr, n'avaient heureusement que bien légèrement déteint sur ce caractère si bien trempé. Non pas toutefois que cette influence néfaste n'ait eu aucun résultat. Gaston avait eu une enfance pieuse. Il gardait, on l'a vu, de sa première communion un souvenir inoubliable. Plus tard cependant, une certaine indifférence dut se glisser sinon dans ses croyances, au moins dans ses pratiques religieuses, si l'on en juge par le récit qu'il nous fait lui-même de son attitude au lit de mort de son père.

Lorsque M. Charles de Sonis était tombé malade à l'hôtel, un ami de la famille, sans prévenir Gaston, avait fait chercher un prêtre. Lorsque celui-ci se présenta à la porte du mourant, le premier mouvement du fils fut un mouvement de désespoir et de révolte. Il ne pouvait guère croire à un danger aussi imminent.

Les médecins avaient prescrit un repos absolu pour éviter le retour de l'hémorrhagie ; le jeune homme crut faire œuvre de prudence et d'amour filial en empêchant l'ecclésiastique de pénétrer jusqu'auprès du lit du moribond. Le temps était précieux, il fallait se hâter. « Monsieur, dit le prêtre à Gaston, je viens ici pour remplir le devoir de mon ministère; si je ne puis l'accomplir, je vous en rends responsable. » Mesdemoiselles de Sonis firent entrer le confesseur et entraînèrent leur frère hors de la pièce. Le malade reçut avec calme et avec joie les secours de la religion.

« Le lendemain, raconte M. de Sonis, un Jésuite, le Père Poncet, ayant appris la mort du père et la triste situation des orphelins, vint à l'hôtel, sans les connaître, pria un instant auprès du mort et, s'adressant aux enfants, leur fit entendre les consolants enseignements de ceux qui ne pleurent jamais sans espérance. Cette parole fit remonter à la surface le fonds de foi et de piété qui sommeillait dans l'âme de Gaston. Il écoutait avidement cette voix qui parlait de Dieu et lui rappelait les suaves douceurs de Stanislas, de Juilly et de la première communion. Dans son humilité, M. de Sonis appela ce passage d'une indifférence apparente à une ferveur et à une fidélité absolue l'époque de sa conversion. A dater de ce jour Dieu eut toujours en tout et partout la première place dans sa vie.

Lorsqu'on se met à aimer Dieu, on ne peut pas

l'aimer assez. Telle fut à partir de cette heure inoubliable la devise de Gaston. Avec l'amour de Dieu étaient venues ses compagnes obligées : l'ardeur pour le bien, la vie de la foi, l'exubérance du zèle. Un chrétien vraiment digne de ce nom est en même temps un apôtre. Son propre salut ne saurait suffire à sa religieuse ambition. Il veut gagner des âmes à Celui qu'il aime. Cette préoccupation fut dès lors un des cachets de la piété conquérante du jeune lieutenant.

Sous ce rapport le séjour à Limoges secondait admirablement ses aspirations. Il retrouvait dans la société distinguée de cette ville une élite de chrétiens fervents et dévoués aux bonnes œuvres parmi lesquels il ne tarda pas à prendre rang. On s'étonna peut-être un peu dans le commencement de voir ce jeune officier de cavalerie entendre la messe tous les jours en uniforme, à la cathédrale, à cinq heures du matin, se faire inscrire au nombre des membres actifs de la société de Saint-Vincent-de-Paul, et se montrer, en dépit de ses apparences ouvertement chrétiennes, le plus gai, le plus charmant camarade et le plus intrépide cavalier.

Car ces pieuses habitudes ne détournaient nullement Sonis des devoirs de société et des distractions compatibles avec sa profession. Gaston de Sonis eut toute sa vie la passion du cheval. Il goûtait doublement ce plaisir à Limoges, d'autant plus qu'il le goûtait en compagnie de sa femme. Il parcourait avec elle ces belles campagnes du Limousin qu'il ne se lassait pas d'admirer. Pour n'être pas séparée de son mari dans ces promenades, madame de Sonis avait appris à monter et était devenue bonne écuyère. Cet amour de l'équitation fut pour le jeune lieutenant l'occasion d'une première et douloureuse épreuve.

Il possédait à cette époque une superbe bête anglaise qu'il appelait miss Anna ! Il eut l'idée de la faire concourir aux courses prochaines. L'hippodrome de Limoges était situé à quelques kilomètres de la ville. Gaston s'y rendait chaque jour pour préparer son cheval au concours.

Buffon a fait du cheval une description enthousiaste qui ne laisse pas quelquefois d'être un peu fantaisiste. En tout cas, le naturaliste a flatté son modèle en omettant complaisamment de parler de ses caprices. « La plus noble conquête que l'homme ait jamais faite » a parfois des souvenirs de sa sauvage origine.

Elle éprouve de temps à autre le besoin de protester contre le joug. Un jour que le lieutenant de Sonis avait déjà fait un premier tour de piste, sa bête, au second tour, aperçut la porte ouverte et se jeta brusquement de côté pour se dérober. Le cavalier, projeté en l'air, retomba sur la barrière qu'il brisa de ses reins.

M. de Sonis était seul. La violence du coup lui avait fait perdre connaissance. Heureusement! deux cantonniers l'avaient aperçu de loin et le transportèrent dans leur cabane. Lorsque le blessé reprit connaissance, son énergie domina la situation. « Je ne veux pas mourir ici, dit-il, remettez-moi en selle. Je ferai comme je pourrai. »

Courbé en deux sur l'encolure de son cheval, Gaston de Sonis arriva au quartier où il tomba évanoui entre les bras du factionnaire. Une heure plus tard, sa femme le vit rapporter sans parole, sans mouvement, sur une civière. Ce fut une scène déchirante.

Le jeune lieutenant crut en mourir. Il demanda et reçut les derniers sacrements avec une piété touchante et demeura durant un mois cloué sur son lit avec d'atroces souffrances.

Une heure plus tard, sa femme le vit rapporter sans parole,
sans mouvement, sur une civière. (Page 48.)

Il avait vu la mort de près. Cette vue lui fit faire un pas décisif dans la grande voie du détachement. Dès ce jour, la pensée du néant des choses d'ici-bas le fit s'élever d'un bond vers le sommet de cette perfection spirituelle vers laquelle son âme tendait sans cesse.

Après son rétablissement, ses amis purent remarquer la fréquence de cette pensée qui revenait souvent dans ses conversations sous une forme sérieuse, comme aussi sous le couvert d'une aimable plaisanterie.

Un jour de nouvel an, il se présenta dans le salon de ses amis de la Chapelle et saluant gravement madame Lamy : « Madame, lui dit-il, je vous souhaite une bonne mort. » Le vœu parut un peu étrange à tous, sauf au lieutenant qui avait sans cesse présent à la mémoire le souvenir de l'*unique nécessaire*.

Un autre jour que les deux jeunes femmes vantaient un objet de toilette dont elles avaient fait emplette, le lieutenant alla complaisamment chercher l'objet en question et le leur remettant délicatement : « Voilà, Mesdames, fit-il avec un sourire. Ainsi passe la gloire de ce monde ! » On riait avec lui de ses saillies, mais le trait souvent renouvelé finissait par s'enfoncer.

Hélas! cette si bonne vie d'amicales et fraternelles relations allait prendre fin. Le soldat n'a pas le droit de se croire en exil quand il foule un sol sur lequel flotte le drapeau de la France. En 1854, Gaston de Sonis était nommé capitaine au 7e hussards, en destination pour l'Afrique. Il avait alors trois enfants et attendait la naissance du quatrième. Sa femme et sa jeune famille allèrent à Castres, dans la famille Roger, et le capitaine partit seul pour Alger.

IV

LES PREMIÈRES ANNÉES D'AFRIQUE

Au mois de juin de l'année 1830 régnait à Alger, sur les bords de la mer Méditerranée, un chef arabe ou dey nommé Abd-el-Kader.

Ce chef exerçait sur tout le littoral de continuelles pirateries.

Charles-Quint et Louis XIV avaient jadis essayé en vain de vaincre cette puissance inquiétante pour la paix de l'Europe. Un très petit incident fut, dans notre siècle, la cause indirecte d'une conquête à laquelle la

France, sous le règne de Charles X, n'était pas précisément préparée.

Les méfaits des Maures d'Alger donnaient lieu, de la part de notre ambassadeur, à de perpétuelles réclamations que le dey recevait avec une hauteur assurée de l'impunité. Un jour, il alla jusqu'à s'emporter en paroles assez grossières et même à des voies de fait. Il avait touché, en signe de dédain, la joue du réclamant du bout de son éventail. Ce geste de mépris fit mettre sur pied, en France, une armée de trente mille hommes. Le général Bourmont la commandait. En mois de dix jours, il débarquait à Sidi-Ferruch, mettait le siège devant Alger et s'en emparait sans coup férir. A la grande satisfaction de toutes les puissances de l'Europe, le drapeau blanc flottait librement sur les murs de la citadelle de la menaçante cité des Maures.

C'était une nouvelle colonie que la Restauration léguait, avant sa chute, à la mère-patrie. L'héritage était considérable, mais il ne laissait pas d'être embarrassant. L'Algérie était un pays conquis ; ce n'était pas pour autant un pays soumis, et cette œuvre de soumission, non encore achevée à cette heure, était réservée à l'armée.

Au commencement de la conquête, le gouvernement de l'Algérie devait être un gouvernement essentiellement militaire. Ceux qui ont blâmé ce système
n'ont jamais su que les tribus arabes sont peu sen-
sibles aux beaux discours. Il eût été bien inutile de
vouloir les convaincre à coups de raisonnements. Les
fils de l'Islam en croient le sabre et l'épée. C'est pour
eux surtout qu'il a été dit que la crainte est le commencement de la sagesse. De là, l'importance atta-
chée à la qualité de l'armée d'Afrique, et la difficulté
de satisfaire tout à la fois les indigènes qui tenaient à
leurs lois, à leur religion, à leurs mœurs, à leurs cou-
tumes, et les colons qui transportaient sur cette terre
devenue française leurs habitudes, leur caractère, et
leurs prétentions illusoires de transformer en quelques
années ce pays mahométan, que tout séparait du
nôtre, en un département d'outre-mer.

Lorsque Gaston de Sonis arriva à Alger, la colonie
avait alors pour gouverneur le général Randon. Le
capitaine de Sonis avait l'esprit sérieux et observa-
teur. Ce pays tout nouveau, si en dehors de nos
mœurs françaises, l'intéressait, l'attirait; mais il ne
lui fallut pas longtemps pour découvrir le défaut de
la cuirasse. Les appréciations purement et simplement

humaines n'étaient pas le fait de Gaston. Un sentiment de profonde tristesse envahit bientôt son âme. A Alger, l'isolement se fit douloureusement sentir ; cet isolement du cœur, mille fois plus douloureux à supporter que la simple solitude. Gaston était séparé de sa famille, de ses amis, et, dans le monde qui l'entourait, Dieu n'était pas connu, Dieu n'était pas aimé.

« La France n'est pas colonisatrice comme l'Angleterre, parce qu'elle est pleine de tendresse pour l'ennemi vaincu », a écrit quelque part le général Ambert. Cette appréciation est peut-être mélangée d'une pointe de chauvinisme. En général, dans les affections bien comprises, le trop-plein de tendresses ne nuit pas. Mais on peut aimer beaucoup et aimer fort mal. La France, en Algérie, n'est pas colonisatrice parce qu'elle ne s'y montre pas suffisamment chrétienne. Les Arabes sont un peuple religieux. Ils n'aiment et n'estiment jamais un vainqueur sans croyance, et qui fait ouvertement profession d'incrédulité. Pour faire de ce beau pays une terre vraiment française, il faudrait en faire avant tout un pays catholique ; et, il faut bien le reconnaître, la multitude de soldats et de marchands envoyés par la mère-patrie étaient peu propres à cette grande mission.

Gaston de Sonis déplore, dans une lettre à un ami, cette plaie de l'irréligion et de l'immoralité qui lui fait sentir deux fois, à Alger, le poids de l'exil : « C'en est assez à mes yeux, dit-il, pour effacer les belles couleurs que le doigt de Dieu a étendues sur ce beau pays. »

Cette tristesse de l'isolement, Gaston de Sonis la combattit par le travail ; un travail acharné, opiniâtre, qui lui permit de braver impunément les dangers du *Væ soli*, et lui fournit en même temps l'avantage d'éviter l'écueil de l'oisiveté, que la chaleur du climat d'Afrique rend particulièrement attrayante.

La vie militaire a en elle-même un côté dangereux, et la vertu et la force morale de plus d'un brave soldat ont sombré sur la pente glissante et douce des attraits du *far-niente*. Les exigences du service une fois remplies, un jeune officier est libre de son temps. Il ressent souvent la fatigue de son rude métier, et la perspective de quelques heures de repos et de flânerie est bien faite pour lui sourire. Elle lui sourit souvent assez pour lui faire contracter l'habitude de perdre un temps précieux et de passer la bonne moitié de sa vie au café, au cercle, dans des conversations frivoles, irréligieuses, malsaines, ou dans d'interminables parties de cartes aussi insipides qu'atrophiantes pour l'intelligence et pour le cœur.

M. de Sonis sut éviter ce double écueil.

Enfermé dans un étroit logement, à Mustapha supérieur, sur les hauteurs d'Alger, il fit de l'étude la compagne assidue de ses loisirs solitaires.

Deux chambres, dont l'une lui sert de chambre à coucher, l'autre de cabinet d'études, composent tout l'appartement. Une commode, une table en bois blanc, une armoire, un lit de fer, des murs blanchis à la chaux : tel est le mobilier d'anachorète du capitaine. Le seul luxe du logement, luxe apprécié comme il mérite de l'être, c'est une large fenêtre d'où l'on découvre un admirable panorama. A gauche, Alger, la ville blanche, la plage et le camp de Mustapha ; à droite, les montagnes de la Kabylie et de l'Atlas ; tout cela borné par une mer sans limites, couverte de navires qui se croisent en tous sens.

La beauté du paysage n'empêche pas Gaston d'étudier.

Une pauvre chambre dans laquelle se trouvent des livres sera toujours, pour un homme intelligent, une prison supportable. Tel était bien l'avis de Sonis qui, à défaut d'une société qui lui plût, avait réuni sur des tablettes de bois brut ces *amis imprimés* qu'on quitte et qu'on reprend à volonté, toujours avec un nouveau plaisir.

Les livres! Et quels livres! Gaston les goûtait avec une certaine passion. Il aimait la poésie et les arts. Il avait jadis cultivé la peinture avec un certain succès, et, en souvenir de cette échappée vers l'idéal qui est une des cordes vibrantes de cette âme chevaleresque, il relit un vieux Virgile tout en remontant à cheval d'Alger au camp de Mustapha. Les philosophes, les penseurs, les saints forment sa société habituelle. De Maistre, Balmès, saint Augustin dont le nom semble écrit sur toutes les pierres du sol d'Afrique. Cette belle et bonne compagnie repose le vaillant capitaine des grammaires et des dictionnaires arabes sur lesquels il pâlit; tant il sent cette étude indispensable à son avancement.

Cet avancement, il le désire; moins pour lui peut-être que pour sa famille; moins par le désir d'une ambition qui cherche à se satisfaire que pour l'augmentation d'un traitement qui lui permettra de faire venir auprès de lui sa femme et ses enfants.

La séparation! C'est bien toujours là l'épine de la

situation et l'éternelle question d'argent enfonce sans cesse cette épine plus avant.. Les déplacements sont coûteux, la vie à Alger est ruineuse et le régiment, comme un oiseau sur la branche, doit être prêt à s'envoler au premier signal. Or, le budget d'un capitaine sans fortune patrimoniale est presque aussi difficile à équilibrer que le budget de l'Etat. La solde étant invariablement la même, le plus léger surcroît de dépenses ouvre l'abîme sans fond des dettes et des emprunts.

Malgré ce fantôme qui empêche Sonis de dormir, il tenta un essai et fit venir à Alger sa femme et ses quatre enfants. La joie de la réunion fut grande, mais troublée par ces soucis matériels qui angoissent le père de famille sans altérer sa paix.

Sa nomination au grade de capitaine l'a obligé d'acheter un nouvel uniforme, et l'uniforme est dispendieux. A l'arrivée de madame de Sonis, le régiment de Gaston avait été transféré à Milianah. Le capitaine avait acheté un petit mobilier. Trois mois après, il devait le revendre à vil prix pour venir s'installer à Blidah.

Instruit par l'expérience, il loue à Blidah pour un mois un appartement meublé. Au bout d'un mois, le séjour est prolongé. M. de Sonis doit prendre un nouveau logement, acheter de nouveaux meubles, supporter de nouveaux frais. « Cette vie est ruineuse, écrit-il à un de ses amis, et je ne puis me résoudre à me séparer de ma petite famille qui souffre plus que moi de ces continuels déplacements. »

Sa courageuse femme suit gaiement à cheval avec ses quatre enfants, à chaque nouveau déplacement, la queue de l'escadron. Quant au mari, il s'ingénie à faire des prodiges d'économie et, comme il ne veut rien retrancher de ses charités, il se prive autant qu'il peut.

Il renonce complètement au cercle, au café, au tabac, à son abonnement au journal *l'Univers* qui le tient au courant des nouvelles du monde religieux, et ces petits renoncements de chaque jour ne suffisent pas à écarter le grand sacrifice qu'il redoutait. Le 7e hussards reçut l'ordre de se mettre en route pour la Kabylie. Une tribu arabe en révolte mettait à feu et à sang les montagnes du Djurjura et le régiment de Sonis était désigné pour marcher contre les révoltés. Madame de Sonis et ses enfants durent repartir pour la France.

Heureusement Dieu restait au capitaine, et c'est à

Lui qu'il demande la force de supporter ces continuels brisements. Dans Gaston de Sonis, l'homme souffre, se plaint et succombe quelquefois sous le fardeau, mais le chrétien demeure toujours debout et sa résignation en toute circonstance est à la hauteur de sa souffrance.

Seul à Mustapha, il avait profité de sa solitude pour aller à la Trappe de Staouëli faire une retraite sous la direction du Père François Regis, le fondateur du monastère cistercien. « Quand il en revint, écrit un de ses amis d'Afrique, il était transfiguré. »

Un autre ami, de France celui-là, lui ayant écrit peu après en lui donnant amicalement le surnom de *Juste*, le capitaine lui répondit avec l'humilité d'un saint et l'ardeur d'un apôtre : « Ne me prends pas, cher ami, pour autre que je suis. Je ne suis qu'une misérable nature d'homme comblé de grâces par Dieu et ayant bien peu fait pour témoigner toute la reconnaissance que mérite un si bon maître. Il est vrai que j'aime Dieu. Ah ! je voudrais l'aimer encore plus ; mais aussi combien je fais peu pour lui témoigner cet amour. Si tu m'en crois, au lieu de perdre ton temps à me louer, fais-moi gagner le mien en priant pour ton pauvre ami. »

Lors du départ de sa famille, Sonis a le cœur brisé, mais il fait entendre les mêmes accents de foi : « Il a fallu se séparer, écrit-il à un autre, c'était dur. J'ai eu bien de la peine à me résoudre à cela et à sécher les larmes de ma pauvre femme. Mais Dieu, à qui j'ai demandé la résignation, m'en a donné un peu et je peux le remercier de m'avoir' accordé au moins le bonheur du cœur, car, à part les chagrins que me causent mes embarras financiers, je ne sache pas qu'il y ait de bonheur intérieur aussi parfait que le mien. »

Après cette première campagne en Kabylie qui ne devait pas encore soumettre définitivement les tribus révoltées, Sonis obtint un congé et revint en France. Il était à la veille d'être père d'un cinquième enfant. Les douces joies du revoir passèrent vite. Le gouverneur maréchal Randon avait donné rendez-vous à ses troupes pour le printemps suivant. Il espérait soumettre définitivement les Beni-Raten et s'emparer de cette province kabyle contre laquelle s'étaient brisés tous les efforts des dominateurs de l'Afrique septentrionale. Cette glorieuse expédition s'accomplit en quarante-cinq jours. 27,000 soldats entrèrent en campagne ; 1,500 officiers et soldats payèrent de leur sang une victoire chaudement disputée et, le 14 juin 1857, Randon posait sur les montagnes infidèles du Djurjura la première pierre du Fort Napoléon, aujourd'hui Fort National. Le capitaine de Sonis était rentré à Blidah. C'était la sixième garnison qu'il faisait depuis dix-huit mois.

Envoyé à Orléansville, sa famille vint l'y rejoindre et, comme le 7ᵉ hussards allait être rappelé en France, le capitaine, qui aimait l'Afrique et qui désirait s'y établir d'une manière stable, demanda à passer au 1ᵉʳ chasseurs en garnison à Alger. Ce régiment ne quittait ses quartiers que pour faire campagne. Sonis espérait devenir promptement chef d'escadron et mettre une bonne fois l'équilibre entre ses recettes et ses dépenses.

Un an après, la guerre éclatait entre l'Autriche et l'Italie. Les États lombards-vénitiens voulaient secouer le joug allemand. La France, alliée à l'Italie, devait aider celle-ci à recouvrer son indépendance ; mais, en même temps, elle s'unissait aux révolutionnaires italiens, adversaires de la papauté et de l'Église, contre une puissance catholique. Le 1ᵉʳ chasseurs d'Afrique fut désigné pour cette campagne d'Italie qui n'avait pas précisément les sympathies du capitaine de Sonis.

Il les visitait, les consolait, et passait dans les ambulances improvisées. (Page 74)

Mais il était soldat dans l'âme, et la pensée de la guerre exaltait en lui la bravoure militaire. Madame de Sonis et ses enfants reprirent le chemin de Castres. Avant de partir, l'épouse chrétienne communia à côté de son mari. Généreuse dans le sacrifice, elle demandait instamment à Dieu de préserver son cher Gaston des hasards de la guerre.

Le 10 mai 1859, le régiment des chasseurs d'Afrique quittait la rade d'Alger.

V

SONIS EN ITALIE.

LA CHARGE DU Ier CHASSEURS D'AFRIQUE

A LA BATAILLE DE SOLFÉRINO.

ᴄᴇʀᴛᴀɪɴꜱ petits pays frontières sont, par leur situation topographique, destinés à passer à tour
de rôle sous une domination différente. En
cas de guerre, le vainqueur vise à étendre ses limites
et à reculer les bornes de ses possessions en empié-
tant sur ses voisins. C'est ainsi que certaines puissances se sont tour à tour disputé la propriété de la

Flandre et de la Franche-Comté; que d'autres se sont partagé la Pologne; que le Jura a été d'abord une principauté indépendante, pour appartenir ensuite à la France et devenir plus tard la proie du canton de Berne; que l'indépendance des petits royaumes de la Turquie d'Europe fait de la question d'Orient une question européenne; que la France et la Prusse ne se donneront pas le baiser de paix aussi longtemps que l'Alsace et la Lorraine seront là pour empêcher un sincère rapprochement, et que l'Autriche, depuis 1815, occupait la Lombardie et la Vénétie, que le roi de Piémont Charles-Albert, père de Victor-Emmanuel, avait en vain tenté, en 1848, de débarrasser du joug des Allemands.

Au mois de juillet 1858, un ministre de Victor-Emmanuel, le comte de Cavour, se rendait aux eaux de Plombières. Il y rencontrait Napoléon III. Ils eurent trois jours d'entretien, et ces conversations secrètes entre l'empereur des Français et le ministre du roi de Piémont eurent pour résultat la guerre qui ramenait M. de Sonis en Europe.

L'Italie était alors divisée en plusieurs petits royaumes, principautés ou duchés. Victor-Emmanuel, le fils de Charles-Albert, avait hérité du Piémont. Les

Bourbons régnaient à Naples. Un grand-duc gouvernait à Modène, à Parme, à Milan ; le Pape était indépendant dans les Etats de l'Eglise ; et ces morcellements, qui maintenaient en équilibre tous ces petits Etats, troublaient les ambitieuses visées du prince de la maison de Savoie. D'accord en cela avec son ministre, il rêvait de faire de l'Italie un seul royaume d'environ onze millions d'âmes, dont la capitale serait Rome.

Pour opérer ce bouleversement, M. de Cavour avait besoin d'alliés. Sa finesse italienne n'eut pas de peine à discerner de quel côté il devait, pour en trouver, mettre sa voile au vent.

L'esprit révolutionnaire et anti-allemand des Italiens, et Napoléon III en France, pouvaient largement suffire à la besogne.

Le comte de Cavour ne perdit point son temps.

Dans la Péninsule, le sentiment patriotique, habilement exploité, criait bien haut qu'il fallait se débarrasser des étrangers et chasser les Autrichiens. A Plombières, le ministre expliqua à l'empereur que son intervention serait largement récompensée ; le comté de Nice et la Savoie seraient donnés à la France comme prix de son alliance.

Un souverain pratiquement catholique eût refusé sans doute de prendre part à une guerre injuste, destinée à dépouiller de paisibles voisins et à faire le jeu des révolutionnaires et des adversaires de la Papauté. Napoléon III ne connut pas ces religieux scrupules. A leur défaut, il eût été au moins prudent de sa part de prévoir la peine du talion; car, dix ans après son adhésion à l'unité italienne, la Prusse faisait à ses dépens l'unité allemande. Elle proclamait à Versailles, dans le palais de Louis XIV, le rétablissement du Saint-Empire, tandis que Napoléon III, l'imprévoyant diplomate de Plombières, pouvait mettre à profit ses loisirs de prisonnier de guerre en Allemagne pour méditer sur les tristes, mais justes retours, des erreurs politiques et religieuses d'ici-bas.

Le secret des conférences mystérieuses de Plombières fut discrètement gardé. Six mois après, la guerre éclatait entre l'Autriche et l'Italie. Napoléon s'unissait aux Italiens, prenait en personne le commandement des troupes et laissait la régence à l'impératrice Eugénie.

Le 1er chasseurs d'Afrique, dont Gaston de Sonis faisait partie, était commandé par le colonel de Salignac-Fénelon. Il appartenait à la division du général

Desveaux et au 4ᵉ corps d'armée, sous les ordres du maréchal Niel.

Ce fut une campagne brillamment et rapidement menée que cette campagne d'Italie. Nous avons dit déjà que Sonis ne l'approuvait pas. Mais il était soldat; il n'avait pas à la discuter et il fit bravement son devoir.

A Gênes, au débarquement de nos troupes, un enthousiasme bruyamment exprimé accueillit les Français. On se portait en foule au-devant d'eux, en les acclamant de toutes parts.

Pendant que les officiers et les soldats remplissaient les cafés de la ville, Gaston de Sonis commençait sa campagne par un pèlerinage : il montait à Notre-Dame de Carignan pour mettre sous la protection de Marie sa vie, sa famille et la France. Cette protection ne devait pas lui manquer.

Le 1ᵉʳ chasseurs d'Afrique avait quatre escadrons. Gaston de Sonis commandait le 3ᵉ. Pendant la première partie de la campagne, le rôle de cet escadron se borna à des reconnaissances, à la poursuite des vaincus. Un premier combat avait eu lieu à Montebello; il fut favorable à nos troupes. Un second à Magenta, dont l'honneur revint au maréchal Mac-

Mahon. Trois jours après, l'armée entrait à Milan.

Les Autrichiens évacuèrent cette ville. La municipalité proclama la royauté de Victor-Emmanuel, la chute des gouvernements de Parme, de Plaisance et de Modène. Le rêve d'unité italienne de M. de Cavour commençait à se réaliser.

Mais la gloire militaire et les victoires se paient. Le sentiment de ce qu'elles coûtent pesait douloureusement sur le cœur du commandant de Sonis. Il était soldat par état et par vocation; mais il n'était pas de ceux qui aiment la guerre comme on aime l'art pour l'art. Il ne la considérait que comme un moyen d'arriver à la paix; et, lorsqu'au lendemain d'un combat, il parcourait le champ de bataille, l'horreur du spectacle l'impressionnait péniblement.

Après le premier engagement de Montebello, il admirait le courage de nos blessés; il les visitait, les consolait, et passait dans les ambulances improvisées le temps qu'il pouvait dérober aux exigences de son service. Après Magenta, l'Empereur voulut aussi visiter le champ de bataille. C'était la première fois qu'un aussi horrible spectacle frappait ses regards. Il en fut vivement ému. Ce terrain ensanglanté, ces morts, ces mourants amenèrent des larmes dans les yeux.

L'âme délicate de Sonis conservait aussi de cette vue un souvenir navré.

« A Magenta, on marchait sur les cadavres, écrit-il à un religieux de Bouffarick. Aussi, quoique soldat, je désire la paix de toute mon âme. Non pas que je sois fatigué de nos privations et que la vie très rude que nous menons me soit à charge; mais la vue de tant de sang chrétien répandu me fait mal. »

La vie rude dont parle Sonis était bien adoucie pour la plupart de nos officiers qui avaient su s'entourer dans leurs tentes d'un confort dont Gaston se souciait peu. Jolies tentures, batteries de cuisine, linge et vêtements de rechange étaient si abondants, que la veille de la bataille de Solférino, un ordre du quartier général de l'empereur vint prescrire aux officiers de simplifier leurs bagages et leur ameublement.

Sonis, lui, n'avait rien à simplifier.

« Je vous écris comme un chat, dit-il dans la même lettre au religieux d'Afrique; mais c'est que j'en ai la position. J'ai pour tanière deux sacs appuyés sur deux fusils et décorés en Afrique du nom de tente-abri...

D'ailleurs, j'aime vraiment mon petit toit de toile où je me fais aussi petit que possible pour être plus près du divin Maître. Pour moi, qui suis pauvre, mon révérend père, sans avoir eu le mérite de le devenir volontairement pour l'amour de Dieu, c'est un grand bonheur que de goûter ici un peu de pauvreté évangélique.

La pensée de Dieu ne le quittait pas et la vie spirituelle de ce capitaine en campagne est aussi instructive, aussi extraordinaire qu'édifiante. Gaston de Sonis communiait aussi souvent qu'il pouvait et il faisait au besoin son action de grâces à cheval. Lorsque son escadron avait abordé le lieu de son campement, il se mettait à la recherche d'un clocher, courait au presbytère et demandait à se confesser.

De ces pélerinages, il ne faisait ni parade, ni mystère, raconte un de ses compagnons, le capitaine Robert.

La confession n'était pas toujours facile. Les pauvres curés de village ignoraient le français. Gaston de Sonis ne savait pas l'italien. Mais il rappelait à sa mémoire tout ce qu'il avait appris de latin au collège et se tirait d'affaire. Il est bon d'ajouter que cette confession n'était pas très nécessaire, car ainsi qu'il le disait un peu naïvement à madame Lamy à Limoges : « En campagne, madame, la mort vient sans se faire annoncer. Heureusement qu'on est toujours prêt ! »

Chaque escadron avait son jour pour marcher en tête du régiment, faire les reconnaissances et les corvées du service. Le 24 juin 1859, jour de la bataille de Solférino qui décida de la campagne et du sort de la Péninsule, l'escadron du capitaine de Sonis fut prévenu qu'il était de jour et devait être à cheval dès trois heures du matin.

A quatre heures le combat commençait dans une grande plaine de six lieues d'étendue sur laquelle a été livrée une des plus grandes batailles de notre siècle.

A gauche, se trouvait une chaîne de hautes collines, positions formidables occupées par l'ennemi. En face, un bois duquel émergeait un clocher. Le bois dissimulait la cavalerie autrichienne. A droite, des lignes de tirailleurs protégés par une plantation de vignes et de mûriers.

L'armée française prit ses positions dans la plaine. Toute la journée un feu nourri sur une étendue de quatre lieues ne fut pas interrompu jusqu'à la nuit.

Tous les villages qui couronnaient les hauteurs avaient été attaqués à la fois. Ce champ de combat si étendu, raconte Sonis, aurait pu faire croire qu'il se livrait quatre batailles à la fois. Le bruit était effrayant. Les boulets passaient au-dessus de nos têtes, les balles ricochaient en sifflant. C'était un spectacle magnifique et notre régiment ne faisait pour ainsi dire qu'assister à ce grand drame, se bornant à quelques mouvements de manœuvre pour attirer la cavalerie ennemie ou suivre notre infanterie qui gagnait toujours du terrain.

Cependant vers le soir, les munitions diminuaient et le tir devint moins fréquent. Les troupes du maréchal Niel faiblissaient. Les Autrichiens, protégés par les mûriers et les vignes, menaçaient de foncer sur le corps de Niel. Le moment était critique et le général Desvaux comprit que l'heure de la cavalerie avait sonné.

C'est alors que le 1er chasseurs d'Afrique se déploya en ordre de bataille, attendant le signal de charger l'ennemi. Derrière eux, sur les hauteurs, l'infanterie attendait. Le commandant Guyot, chef du 1er escadron, fut désigné pour entraîner le mouvement; mais le bruit était tel que personne n'en-

tendit la voix du général qui commandait la manœuvre.

Il n'y avait pas de temps à perdre ; Desvaux désigna l'escadron du capitaine de Sonis. Celui-ci entend
cet ordre. Il arrive au trot pour prendre les instruc-
tions du général qui lui communique rapidement un
plan de charge générale contre l'infanterie autrichienne.

D'un coup d'œil le capitaine de Sonis a jugé la situation. Il adresse à son chef une remarque pleine de
justesse: « Si nous ne chargeons pas immédiatement,
dit-il, ces hommes seront tués un à un par l'ennemi.
protégé par les bois. Laissez-moi commencer la
charge avec mon seul escadron. »

Desvaux se recueillit quelques secondes. « Il sentait, dit Sonis, qu'il m'envoyait au sacrifice. » Puis il
répondit d'une voix émue : « Oui, vous avez raison.
Chargez de suite, tout de suite. En fourrageurs,
marche ! » Le capitaine ne se le fit pas dire deux fois.
Il partit à fond de train ; à dix pas en avant de tout
son monde, il présentait au feu ennemi une cible
superbe.

L'infanterie autrichienne recule d'abord. L'escadron de Sonis la serrait de près. Mais arrivés au mi-

lieu des taillis, les cavaliers se trouvèrent vis à vis de magnifiques carrés de Tyroliens qui les écrasèrent sous un feu roulant.

Les chasseurs d'Afrique tombaient comme des épis sous la faucille du moissonneur. Sonis se précipita sur ces carrés dans l'ardeur d'une folie guerrière que comprendront seuls les vrais soldats. L'odeur de la poudre le grisait. C'était un combat corps à corps. Il voyait scintiller à ses yeux des baïonnettes comme des lames de rasoir, Des milliers de balles sifflaient dans l'air. L'une d'elles vint frapper à mort son superbe cheval gris. Le capitaine lui mit l'éperon au ventre. La pauvre bête fit un effort suprême. Elle se dégagea de ces terribles masses, fit une vingtaine de pas et tomba pour ne plus se relever.

Sonis se retourna. Il était seul. La plus grande partie de son escadron était couchée à terre. Il court à pied pour rejoindre ses lignes, pare heureusement avec son sabre un coup de baïonnette qui devait le tuer et arrive ainsi sur le 3e chasseurs qui avançait à la rencontre.

En chemin, le vétérinaire en chef M. Decroix aperçoit le capitaine et veut lui céder son cheval.

« Non, répond celui-ci. Votre vie vaut la mienne,

...onis se précipita sur ces carrés dans l'ardeur d'une folie
guerrière... (Page 80.)

partez ! » Pendant ce court débat, M. Decroix peut mettre la main sur un cheval errant. Sonis le monte et rallie ce qui reste de son escadron. Cette brillante charge avait sauvé le corps de Niel et décidé peut-être du sort de la journée.

Après la bataille, le bruit du tonnerre fit taire le bruit du canon. Une pluie torrentielle, un ciel de plomb vinrent encore assombrir le tableau déjà si lugubre de ce champ de mort. Qu'on se figure si on le peut une vaste plaine dans laquelle trois cent mille hommes se sont battus durant quinze heures. Le sol couvert de sang et de cadavres et chacun errant à l'aventure pour découvrir au milieu de ce labyrinthe le corps d'un parent ou d'un ami.

L'Autriche était vaincue en Italie, Napoléon III jugea que le sang français avait suffisamment coulé pour la cause de la justice problématique de la révolution piémontaise. Pendant que l'Europe s'apprêtait à discuter des conditions de la paix, l'empereur des Français, à l'insu de Victor-Emmanuel et de Cavour, se rencontrait à Villafranca avec l'empereur d'Autriche. Il signa seul de son propre mouvement le traité qui terminait la guerre d'Italie. La France abandonnait au Piémont la Lombardie, Nice et la Savoie en dédommagement de cette brusque pacification. L'Autriche conservait la Vénétie et l'on créait une confédération italienne sous la présidence honoraire du Pape (1).

Cette paix soulageait un peu les consciences catholiques. Le cœur du capitaine de Sonis tressaillait à la pensée de revoir sa femme et ses enfants ; mais cette joie fut encore retardée. Le 1er chasseurs était désigné pour faire partie de l'armée d'occupation. La belle conduite de Gaston de Sonis lui avait valu une citation à l'ordre du jour et la croix de la Légion d'honneur.

Cette distinction accordée au devoir accompli au péril de sa vie lui fit un sensible plaisir. Elle n'entama pas sa modestie chrétienne.

« Ce bout de ruban ne me trouble heureusement pas le cerveau, écrit-il confidentiellement à sa sœur aînée au Carmel de Poitiers, et je ne puis m'empêcher de penser tristement à ceux qui ne voyaient que cela au bout d'une journée qui fut leur dernier jour. »

Dans une autre lettre au Carmel, Sonis appelle

(1) Hélas! L'année suivante, en 1860, Victor-Emmanuel consommait ses sacrilèges spoliations des Etats pontificaux et la France recevait Nice et la Savoie comme prix de sa non-intervention.

cette journée « la plus terrible de sa vie ». Il ne prévoyait pas alors celle de Loigny. Mais il avoue en même temps qu'il ne croyait pas avoir perdu de vue un seul instant la présence de Dieu, et, dans une lettre à sa femme dans laquelle il raconte en détail la bataille de Solférino, il veut élever le courage et la foi de cette chère compagne de sa vie à la hauteur de ses héroïques sentiments.

« Quelques personnes, lui dit-il, trouveront que j'ai tort de vous parler ainsi des dangers que j'ai courus, parce que c'est présenter un aliment à vos inquiétudes. Mais je vois les choses de plus haut, et je désire que vous les voyiez comme moi. Remerciez Dieu de m'avoir préservé de la mort par un miracle de sa toute-puissance. Votre foi s'animera par la pensée que toutes les chances de la mort se sont en quelque sorte rassemblées autour de moi afin que la protection divine soit plus éclatante. Je m'étais recommandé de toute mon âme à Dieu et à Marie auxquels je vous avais confiée, vous, ma bien-aimée et nos enfants. »

A M. Henry Lamy, il vante le courage et la bravoure de nos soldats. Mais ces vertus toutes humaines ne satisfont qu'à demi ses aspirations chrétiennes. « O mon ami! s'écrie-t-il. Si une faible partie de cet héroïsme était mise au service de Dieu, quelle moisson pour le ciel ! Mais il est triste de penser que Dieu est inconnu. »

Dieu ! Ce fut toujours en tout et partout le dernier mot de la vie de l'intrépide soldat.

VI

PRÈS le traité de paix de Villa-franca conclu à la suite de la guerre d'Italie, le capitaine de Sonis allait demander un congé bien mérité et revoir enfin sa famille, lorsque les nouvelles reçues d'Algérie changèrent tous ces beaux projets.

Jusqu'à ce jour, en dépit de la croix d'honneur gagnée sur le champ de bataille et d'un avancement qui avait suivi la marche progressive et lente du rang d'ancienneté, la carrière du capitaine ne lui avait guère ménagé de ces hasards heureux qui portent par bonds et par saccades un homme aux postes les plus avantageux. Sonis n'a jamais été un des favoris de la fortune, loin de là ; et si la capricieuse déesse se piquait de fidélité au vrai mérite et était susceptible de remords, elle eût été à même d'en avoir plus d'un à l'égard du vaillant qui remplissait son devoir si simplement et, hâtons-nous de l'ajouter, la courtisait fort peu.

On a vu que l'étude persévérante et approfondie de l'arabe l'avait mis à même de connaître cette langue à fond. Il existe pour ainsi dire deux langues arabes. Celle des livres, l'arabe littéraire que les savants, les marabouts seuls connaissent, et une espèce de dialecte usuel employé dans les relations habituelles et dont le peuple qui ignore l'autre se sert. Gaston de Sonis avait fait marcher ces deux études de pair. Il parlait et il écrivait correctement ces deux langues. Son but dans cette étude avait été un emploi visé dans les bureaux arabes en vue d'une augmentation de traitement que ses préoccupations de père de famille lui faisaient ambitionner.

Mais cette place enviée fut donnée à un autre. Donc, il fallut chercher d'un autre côté des chances probables d'avancement.

L'Algérie française est séparée du Maroc par une rivière appelée le *Kis*. Les Marocains fanatiques et superstitieux comme tous les peuples musulmans espéraient, d'après une ancienne croyance, que la domination française, en Afrique, ne durerait pas plus de trente ans.

Le terme fatidique approchait. Il ne fut pas difficile à un certain chérif nommé Mohammed-ben-Abdallah d'exploiter les sentiments de haine qui couvent toujours dans le cœur du vaincu à l'égard de son vainqueur. Les Marocains passèrent la frontière, attaquèrent des voyageurs isolés, enveloppèrent deux escadrons français, surpris de cette brusque invasion, et se crurent désormais tout permis. Aussitôt, la formation d'un corps expéditionnaire fut décidée. Sous les ordres du général de Martimprey, il s'apprêta à châtier les intrus.

L'escadron de Sonis n'était pas désigné pour cette campagne. Mais il y avait, dans le sacrifice d'un congé mérité et d'un retour au foyer que l'époux et le père désirait ardemment, une occasion d'avancement que le capitaine saisit aux cheveux. Au lieu de se diriger vers Castres, il demanda à entrer dans le 3e escadron du 1er chasseurs qui était envoyé au Maroc.

Madame de Sonis était toujours à la hauteur de l'héroïsme de son mari. Elle ne fit rien pour le retenir et Gaston de Sonis entra en campagne avec le titre de capitaine-commandant.

Il s'agissait, à partir d'Alger, d'un voyage de deux mois par Blidah, Milianah, Orléansville, Mostaganem et Oran où le colonel de Montalembert, frère du grand orateur catholique, rejoignit le régiment pour remplacer M. de Salignac-Fénelon promu au grade de général après la brillante campagne d'Italie.

C'étaient d'autres aventures et des souffrances d'un genre bien différent qui attendaient au Maroc notre vaillante armée.

La guerre en Europe et la guerre en Afrique ne se ressemblent guère. Si la science de la topographie, c'est-à-dire la connaissance exacte et minutieuse des terrains, des pays parcourus, entre de moitié dans le succès d'une expédition, il ne fallut pas longtemps aux habiles et aux observateurs pour augurer fort mal du résultat définitif de cette campagne africaine qu'un ennemi, plus redoutable que les Marocains, devait rendre désastreuse.

A Oran, la colonne avait quitté la route militaire pour s'enfoncer dans la montagne, dans la direction de Tlemcem.

Le manque d'eau, cette plaie du désert, se faisait douloureusement sentir. Le sol était aride, couvert de poussière. Il n'avait pas plu depuis des semaines. Qui racontera les angoisses et les privations d'une armée en campagne dans un pays couvert de sable d'où les eaux du ciel et de la terre semblent s'être à jamais retirées ? Telle est l'Afrique. Tel est l'aspect désolé qu'elle présente au fur et à mesure qu'on s'avance du côté du Sahara.

De loin en loin dans ces vastes plaines, un paysage féerique apparaît subitement aux yeux du voyageur charmé.

Des jardins fertiles arrosés d'eaux vives provenant d'une source qui jaillit du sol assez abondamment pour alimenter un petit ruisseau sur un parcours d'un ou deux kilomètres. Tout est vert, tout est vivant et semble annoncer un éternel printemps. Une forêt de palmiers, de dattiers, de citronniers, d'orangers ombragent de gracieuses villas. C'est un petit paradis terrestre perdu dans l'immensité stérile qui entoure ces coins privilégiés. Quelques villages composés de tentes et de petites cabanes ou *gourbis* construites en terre par les indigènes, se groupent dans toute la partie arrosée par cette eau bienfaisante. C'est l'oasis. Bouquets de verdure, jetés trop parcimonieusement, hélas! sur cette terre immense brûlée par le soleil d'Afrique et que nos troupes, une fois au delà de la rivière du Kis, ne devaient guère rencontrer.

Pour faciliter ou plutôt pour rendre possible un voyage dans un pays pareil, les Arabes suppléent aux sources vives en faisant de loin en loin des puits artésiens; mais ces puits sont distants d'un ou deux jours de marche. On emploie les mulets et surtout les chameaux pour le transport des provisions d'eau. De grandes outres pleines jusqu'au bord renferment le précieux liquide; mais qui dira le supplément de bagages nécessité pour le déplacement de quelques milliers d'hommes?

Les chasseurs d'Afrique, qui suivaient les troupes d'infanterie, s'étonnaient de trouver sur le passage des cadavres de mulets tombés d'épuisement à côté des voitures de train vides et abandonnées. La chaleur, la sécheresse, de vagues rumeurs d'épidémie affaiblissaient tous les courages. On se disait tout bas que le 1er régiment avait déjà perdu beaucoup de monde. Quatre ou cinq hommes pour 100 tombaient chaque jour pour ne plus se relever, et, en arrivant à Nédronia, une nouvelle sinistre circula de bouche en bouche. L'agha était mort du choléra.

Le 23 octobre on passa le Kis. L'ennemi ne se montrait nulle part. Ce n'était pas nécessaire. Il pouvait hardiment se dérober et laisser agir son allié, le mal épidémique qui devait bientôt faire du bivouac de Kis, où plus de cinq mille hommes campaient, un foyer d'infection.

Mais pour ceux qui mettent la valeur morale bien au-dessus de la valeur militaire, le camp de Kis présenta bientôt un spectacle plus admirable encore que celui de l'entraînement guerrier. La résignation, une des formes les plus rares du courage chrétien, semblait s'être réfugiée auprès de nos héroïques soldats.

Par un enchaînement de circonstances malheureuses dont la faute ne pouvait être imputée aux chefs de l'armée d'Afrique, les régiments n'avaient pas d'aumôniers. Cinq ou six prêtres demandés à temps pour une colonne de quinze à dix-huit mille hommes et qui avaient accepté le poste d'aumôniers militaires, avaient été empêchés au dernier moment, de sorte que deux seuls ecclésiastiques se trouvaient à Oran à la disposition de nos troupes.

Les pauvres soldats atteints du choléra tombaient comme des mouches. La plupart d'entre eux réclamaient le ministère de l'aumônier. Mais, hélas! il n'y en avait pas et le capitaine de Sonis remplaçait autant qu'il était en son pouvoir le ministre de la paix et de la consolation auprès des agonisants. Il leur parlait de Dieu et les aidait à mourir.

Quelques-uns avaient dans leur religieux commandant une confiance telle qu'ils auraient voulu lui faire leur confession afin qu'il pût la répéter au prêtre, au cas où celui-ci mandé d'Oran arriverait trop tard pour recevoir leurs aveux. Sonis se refusait à écouter cette suprême confidence; mais il exhortait les malades à se remettre entre les mains de Dieu, à lui demander le pardon de leurs fautes, à accepter la mort avec soumission et confiance, et il ne quittait guère l'ambulance que pour faire rendre les derniers devoirs à ces malheureux que l'on trouvait à peine le temps et les moyens d'enterrer.

Les chefs furent les premiers atteints. Le lieutenant-colonel Fenin se sentit pris gravement. Il eut immédiatement la pensée que l'attaque était mortelle.

Ce brave militaire était marié depuis quelques mois seulement ; il avait laissé sa jeune femme en France. Le sacrifice de la vie lui coûtait doublement. M. de Sonis passa la nuit auprès de lui et fit entrer l'amour de la volonté divine dans cette âme qui allait bientôt paraître devant Dieu.

Le colonel de Montalembert était venu visiter le mourant dans sa tente. Celui-ci lui remit son porte-monnaie et lui demanda de le faire parvenir à madame Fenin avec ses derniers adieux. Tous les assistants étaient profondément émus.

En sortant de la tente, le colonel Arthur de Montalembert, qui avait accepté cette relique, la remit entre les mains de M. Decroix, le vétérinaire en chef : « Tenez, lui dit-il, c'est vous qui remplirez auprès de madame Fenin cette douloureuse mission. Je me sens frappé, moi aussi. »

En effet, le lendemain, fête de la Toussaint, M. de Montalembert déjeunait avec les officiers lorsqu'il fut pris d'une attaque de choléra.

Ce ne fut pas pour lui ce mal foudroyant qui détruit la vie en quelques heures. Il languit pendant plusieurs jours, assisté par le commandant de Sonis, qui remplit auprès de lui ce rôle de sœur de charité dont il faisait l'apprentissage depuis l'apparition de l'épidémie auprès de ses pauvres soldats.

Le colonel aussi demandait un prêtre. On avait fait chercher le Père Mermillod, de la résidence d'Oran. Celui-ci faisait le service de l'ambulance à Lalla-Maghnia. Mais le trajet était long et le prêtre n'arrivait pas. Le colonel dit alors à M. de Sonis : « Capitaine, je n'aurai plus la force de parler quand le prêtre arrivera. Je vais vous faire ma confession que vous lui répéterez pour moi. » M. de Sonis s'excusa et employa le temps de l'attente à préparer son colonel à cette confession qu'il craignait de ne pouvoir faire lui-même.

Le lendemain soir, le Père Mermillod arrivait. M. de Sonis le conduisit d'abord au lieutenant-colonel Fenin, qui vivait encore et qui mourut sous l'absolution qu'il avait tant souhaitée. Après, ce fut le tour du colonel de Montalembert et des pauvres soldats qui réclamaient tous les secours religieux, entretenus par leur commandant dans d'admirables sentiments de foi et de piété.

Les circonstances douloureuses où l'on se trouvait

faisaient désirer au plus tôt la rencontre de l'ennemi.

Quelques jours avant la maladie de M. de Montalembert, les chasseurs avaient engagé un combat sur les hauteurs du bivouac de Kis et s'en étaient emparés sans trop de résistance de la part des Marocains. Le cheik livra quelques otages, s'engagea à payer un impôt, et l'on se contenta de ses promesses. Ce n'était pas le moment de prolonger une campagne que le choléra rendait désastreuse malgré la victoire. Le retour dans l'Algérie française fut décidé. Il s'agissait seulement, pendant cette retraite, de remonter le moral des soldats et d'empêcher un découragement qui eût été mortel.

Montalembert s'était acquitté de cette tâche avec l'énergie qui le distinguait. Il faisait chanter, le soir, des chœurs militaires dont la colonne entière reprenait les refrains. On donna une fête en l'honneur de la soumission du cheik marocain; mais ce fut le soir même de cette fête que M. Fenin avait été atteint du choléra, suivi de si près par son colonel.

Celui-ci résista plusieurs jours à ses douleurs physiques. Lorsque, après la visite du Père Mermillod, le capitaine de Sonis entra dans sa tente, Montalembert lui dit, les larmes aux yeux : « Merci, mon cher capitaine ; mille fois merci. Dites à tout le régiment que je mourrai content parce que j'ai rempli mon devoir de chrétien. Il n'y a que cela qui reste. »

Lorsque la cavalerie se mit en marche pour le retour, le 4 novembre, le courageux malade voulut se joindre à elle. Il monta à cheval, soutenu sur sa selle par le sous-lieutenant de Rastignac ; mais, au bout d'une heure, n'en pouvant plus, il fut transporté sur un cacolet dans lequel il suivit de loin le régiment pendant plusieurs jours, jusqu'au camp d'Isly. Là, tous les officiers du 1er chasseurs vinrent serrer la main de leur colonel qui se mourait et qu'on allait conduire à l'ambulance de Lalla-Maghnia. C'était le 10 novembre. Arrivé à Lalla-Maghnia, le colonel de Montalembert fut transporté dans une chambre d'auberge, car l'hôpital était rempli. Il y mourut dans la nuit. Son dernier acte avait été de baiser le crucifix, de faire plusieurs signes de croix et sa dernière parole : « J'espère que Dieu me pardonnera. » Quelques heures plus tard, ces mots de confiance et d'abandon recevaient leur accomplissement.

Lorsque les troupes eurent repassé la frontière, on constata que le quart de la colonne avait succombé au choléra. Encore une fois, Dieu avait gardé le capitaine de Sonis qui recevait, le 13 novembre, sa nomination de chef d'escadron au 2e spahis.

Tous ceux qui le connaissaient applaudirent à cette nomination, car c'était la dette de tout le régiment que l'on payait par cet avancement.

VII

M. DE SONIS COMMANDANT DE CERCLE.
ESPRIT DE CASTE CHEZ LES ARABES. — LA GUERRE
DANS LE SAHARA.

LE nouveau chef d'escadron avait bien mérité un congé de trois mois. Il le passa dans sa famille, à Castres, du 15 décembre au 15 [...]. Il revit — et avec quelle joie! — sa femme, ses enfants, ses amis; il retrouva Limoges, toujours à son souvenir, M. et madame Henri Lamy de Chapelle; à Blois, le comte Louis de Sèze, cet ancien camarade de collège, ami de cœur de Sonis depuis l'époque lointaine de la brimade du collège de Juilly ; ses sœurs bien-aimées, les deux religieuses carmélites de Poitiers. Il fit un pieux pèlerinage à Pibrac, en l'honneur de Germaine Cousin et, en attendant qu'il pût faire venir sa famille en Afrique, s'embarqua à Marseille pour se rendre à son poste de Mascara.

Il n'y resta guère que quinze jours.

Nous avons dit déjà que l'Algérie avait, au commencement de la conquête, un gouvernement militaire. Celui-ci avait fait place, depuis peu, à un gouvernement civil sous la direction du prince Napoléon, nommé chef du ministère de l'Algérie et des Colonies. Le pays se divisait en différents cercles ou départements circonscrits autour des villes principales de la province d'Alger. Chaque cercle avait son commandant ou gouverneur, qui dépendait directement du général de l'armée d'Afrique. Sonis fut nommé commandant supérieur du cercle de Tenez.

Il alla s'embarquer à Oran le 15 avril 1860, heureux de ce changement qui laissait prévoir une installation avantageuse et stable et lui permettait de faire venir auprès de lui sa femme et ses plus jeunes enfants. Les aînés devaient rester en France pour leur éducation : Gaston et Henri chez les jésuites de Poitiers, et sa fille Marie au Sacré-Cœur.

Tenez, jolie petite ville de cinq mille habitants, sur la Méditerranée, était une résidence charmante. Le climat était sain, la position pittoresque et le pays superbe. Le commandant s'applaudit de sa nomination, et il en remercia Dieu. L'Etat mettait à la disposition du gouverneur un beau logement tout meublé, et Sonis se berce de l'heureuse pensée qu'il passera là quelques bonnes années, tranquille, en famille, et sans le perpétuel souci d'un déménagement.

Ce beau rêve dura six mois.

Le 24 novembre de la même année, Sonis déménageait pour s'enfoncer vers le sud, sur les confins du désert. L'Empereur avait rétabli le gouvernement militaire d'Algérie, avec le maréchal Pélissier comme gouverneur général. Il s'ensuivit des mutations, et M. de Sonis passait du cercle de Tenez à celui de Laghouat, à cent seize lieues du littoral.

Laghouat, poste le plus avancé de la région du Sahara, était un poste de confiance et de combat. L'oasis, au milieu de laquelle s'élève la petite ville de trois à quatre mille âmes, a une étendue d'un kilomètre et demi. Dix-huit mille palmiers, des figuiers, des citronniers, des grenadiers, des pêchers, et tous les arbres et les légumes d'Europe ont, dans cet étroit espace, une intensité de vie qui produit un étrange contraste avec le point sec et stérile où les eaux cessent d'arriver. L'unique ruisseau de Laghouat provient d'une source qui jaillit du sol et répand la fécondité dans ce petit coin perdu et charmant au delà duquel s'étend une mer de sable. C'est le Sahara, l'immensité, le désert. C'est le domaine du peuple arabe qui erre, vit, se dérobe dans ses solitudes sans limites et sait qu'il a dans ces régions inconnues, inaccessibles à la civilisation française, le meilleur des refuges contre notre domination en Afrique.

Que peuvent, en effet, l'art de la guerre et les inventions du progrès moderne contre une nation errant à travers des steppes inconnues? L'Arabe n'a qu'une tactique, et cette tactique est toujours la même et lui réussit toujours : il tente un coup de main, il pille, il tue, il massacre et il fuit. La fuite est pour lui le gage assuré de l'impunité. Et c'est dans ces conditions inégales de lutte que le commandant supérieur du cercle devait défendre notre position en Algérie et remporter de glorieux succès.

Une remarque qui démontre avec évidence que les principes égalitaires, tant vantés à notre époque, reposent sur une utopie, c'est que les peuples les plus pauvres, les plus misérables ne sont pas dépourvus d'esprit de caste. L'Arabe vit misérablement sous la tente; il n'a pas de foyer ; il pousse devant lui toute sa richesse : de maigres troupeaux sans cesse à la recherche des pâturages les moins brûlés par le soleil d'Afrique. Il manque de vivres, il manque d'eau, il manque de tout. Il ne possède que cette dure liberté qu'il préfère à une paternelle civilisation ; et, malgré cette égalité de misère et cette soif d'indépendance qui le distinguent, on trouve chez ce peuple des distinctions de races, de castes, et des ambitions qui feraient sourire, si elles ne constituaient une perpétuelle menace pour l'œuvre française de colonisation.

Il y a chez les Arabes des tribus méprisées, forcément et fatalement soumises à d'autres considérées comme plus nobles, plus anciennes, plus braves et plus respectées. Ces titres de noblesse se transmettent par tradition ; tellement il est difficile à l'homme, surtout à l'homme en dehors des principes et des abaissements voulus de l'humilité chrétienne, de ne

pas s'élever au-dessus de son semblable. L'Arabe
soucie assez peu d'être malheureux, mais il s'inquiè
d'être le premier.

Parmi les tribus insoumises du sud dont les pré
tentions à l'ancienneté et à la noblesse remontent
ligne directe jusqu'à Mahomet, se trouvait celle de
Ouled-Sidi-Cheikh.

Au dix-septième siècle, un des leurs, nommé Sid
Cheikh, s'était fait une réputation de sainteté qui a su
vécu. Tous les membres de cette tribu portent le titre
de marabout, et tous les *ksours* ou villages du Sahar
subissent plus ou moins leur influence. Il va sans dir
que cette influence est sourdement hostile à la domi
nation française.

Le commandement de Laghouat consistait en un
administration offensive ou défensive des tribu
arabes, selon qu'elles se montreraient dociles ou r
voltées. Un acte de justice, que tous les usages mili
taires autorisaient, causa la disgrâce du commandan
de Sonis.

Une trentaine de colons européens, israélites et in
digènes, furent surpris et massacrés dans le village d
Djelfa. Sonis, arrivé au secours de la garnison
réussit à capturer une dizaine de brigands arabe

Improvisant un conseil de guerre, il les fit juger et fusiller séance tenante.

C'était là un coup nécessaire, mais hardi. Les journaux français hostiles au gouvernement militaire de l'Algérie commentèrent ce fait avec malveillance. Sonis avait consulté sa conscience et jugé que son devoir l'obligeait à rassurer les bons en terrifiant les méchants.

Le maréchal Pélissier, qui, au fond, approuvait la mesure, eut peur des clameurs de la presse; il désavoua son subordonné et lui donna l'ordre de quitter immédiatement Laghouat et d'aller rejoindre son régiment à Mascara.

C'était un poste de disgrâce. Sonis obéit sans murmurer. Tous les officiers d'Alger et d'Oran lui firent un accueil si chaleureux que le maréchal ne laissait pas d'en ressentir quelque embarras.

Un jour, il invita le disgracié à une de ses soirées. Sonis n'était ni courtisan, ni révolté. Il ne gardait pas rancune à son chef hiérarchique; mais il avait sa dignité à garder. Il fit répondre qu'il était touché de l'invitation, mais qu'il ne s'y rendrait que si l'ordre lui en était donné. Le maréchal eut le bon esprit de ne pas se formaliser, et il envoya peu après à Sonis sa

nomination de commandant du cercle de Saïda.
C'était un premier pas vers une réparation complète.

Le nom de Saïda signifie *l'heureuse*. M. et madame
de Sonis et leur jeune fille vécurent en effet quelque
temps dans cette petite ville, dans une tranquillité
relative qui avait bien ses douceurs.

Mais la croix est l'apanage des amis de Dieu. La
mort d'une petite fille appelée Marthe-Carmel vint
faire une douloureuse blessure au cœur du commandant. L'enfant avait été étouffée par une angine couenneuse. Peu avant de mourir, digne fille de parents
chrétiens, le petit ange leur disait : « Je veux partir
pour le ciel. » Marthe-Carmel avait trois ans.

Elle avait suivi de près une petite sœur, Marie-
Thérèse, morte en France, auprès de ses grands-
parents, dans la famille Roger. Ces deux pertes furent
vivement senties ; mais la résignation chrétienne de
Sonis fut toujours et en toute circonstance à la hauteur de ses peines.

En 1864, ces peines se doublaient d'inquiétudes sur
le sort de notre colonie algérienne. Les mesures de
rigueur prises par Sonis lors de l'insurrection du sud
n'étaient rien moins qu'exagérées.

Le mouvement de révolte des diverses tribus arabes

s'accentuait, et tout faisait prévoir une nouvelle campagne contre ces ennemis insaisissables.

La France travaillait rapidement, un peu trop rapidement peut-être, à mettre les Arabes sous le joug de la législation européenne. A cette intention, elle fit faire un travail de délimitation des terres, afin que désormais ce peuple nomade et vagabond pût justifier de ses titres de propriété. Sonis fut désigné pour ce travail. Il était aimé des indigènes. On connaissait son esprit de justice et d'impartialité. Il partit pour Mostaganem, y installa sa famille et ne fut occupé, pendant quelques mois, qu'à « classer et déchiffrer des titres arabes, et à écouter, écrivait-il, de bons Bédouins qui disent toujours la même chose. »

Et ces bons Bédouins, qui disaient toujours la même chose, faisaient aussi toujours la même chose ; c'est-à-dire qu'ils haïssaient le joug de l'étranger. Fanatiques de leur indépendance et du triomphe de la cause de l'*Islam*, ils prêchaient sourdement la guerre sainte et tombaient à l'improviste sur nos soldats pour les massacrer sans pitié.

C'est ainsi qu'au mois d'avril, le colonel Beauprêtre, à la tête de cent hommes d'infanterie, d'un escadron de spahis et de *goums*, avait été attaqué par des bandes nombreuses et exterminé avec sa petite troupe.

On appelle *goums* en Afrique les cavaliers arabes des tribus fidèles à la France qui, dans toutes les expéditions au désert, rendent à notre armée des services signalés.

En apprenant la terrible fin du malheureux colonel, le commandant de la province d'Oran se mit en marche pour refouler l'insurrection, et celui de la province d'Alger marcha sur Laghouat afin de maintenir les tribus du sud et tenir à distance les marabouts qui soufflaient partout le vent de la révolte.

Le commandant de Sonis faisait partie de l'expédition.

Dans ces conditions, il jugea prudent de renvoyer en France sa femme et sa jeune famille. La séparation fut douloureuse, mais elle s'imposait. Hâtons-nous d'ajouter que cette campagne ne fut pas décisive. Plusieurs tribus firent leur soumission, mais cette soumission restait pour M. de Sonis assez problématique. Il estimait que les Arabes avaient reculé pour mieux sauter et qu'il ne s'agissait que d'une suspension d'armes qui durerait jusqu'au printemps. Les événements devaient lui donner raison.

Enveloppés dans ce nuage obscur, les soldats ne voyaient plus leurs plus proches voisins... (Page 119.)

Au mois de mai 1864, le maréchal Pélissier mourut. Il fut remplacé en Algérie par le maréchal Mac-Mahon. L'année suivante Napoléon III fit en Afrique une visite officielle. Il voulait se mettre en rapport personnel avec les Arabes et tenter de s'attacher par cette démarche ces farouches enfants du désert. L'intention était bonne, mais elle n'eut pas le résultat prévu. Elle n'empêcha pas la guerre dans le Sahara que Sonis avait prédite et à laquelle il devait prendre une part si glorieuse.

A la suite de la campagne de 1865, il avait été promu lieutenant-colonel du 1er spahis. Il sollicita un congé pour venir voir sa famille à Castres. A peine arrivé en France, il recevait sa nomination à ce poste de Laghouat d'où il avait dû partir par suite d'une injustice que le temps avait réparée. Mais en même temps, il recevait l'ordre de se rembarquer immédiatement. L'insurrection était maîtresse du pays et les Ouled-Sidi-Cheikh comptaient prendre une éclatante revanche de leur insuccès de l'année précédente. Sonis dut sacrifier les vacances qu'il espérait passer avec les siens. Il n'eut sur les lèvres qu'un seul mot : *Fiat!* Et il s'arracha, les yeux pleins de larmes, à leurs embrassements.

En 1861, le chef des Ouled-Sidi-Cheikh s'était rallié à la cause française.

Malheureusement, il mourut. Son fils, Si-Hamed-ben-Namza, soutenu et dirigé par son oncle Si-Lalla, véritable homme de guerre fanatique d'indépendance, avait juré de détruire la puissance française et s'avançait jusque dans les environs de Metlili, à cinquante lieues au-dessous de Laghouat où le lieutenant-colonel de Sonis se préparait à aller l'attaquer.

Cette campagne, du côté du désert, fut rapidement et brillamment menée. Le colonel de Sonis remporta un joli succès.

C'était la première fois que les troupes françaises pénétraient jusqu'à Metlili. Les Arabes révoltés se soumirent. Le *goum* s'était assez mal battu, mais il ramena un butin considérable : sept mille trois cent cinquante moutons, deux cent soixante chameaux, et quarante-huit ânes. Sonis avait eu la prudence de faire mettre pied à terre à ses cavaliers trop exposés sur leurs montures, de sorte qu'on n'avait à déplorer ni mort ni blessure grave. Il aurait voulu poursuivre l'ennemi plus avant dans le désert, mais l'obéissance militaire le fit rentrer à Laghouat d'où il se rendit peu après à Alger, pour recevoir sa femme et ses enfants. On croyait la campagne finie.

Ce n'était qu'une nouvelle suspension d'armes, car, au printemps de l'année 1866, le jeune Si-Hamed, toujours soutenu et excité par son oncle Si-Lalla, s'avança jusqu'au nord de Géryville, attaqua un détachement de la troupe du colonel Colomb, et, après cet exploit, redescendit vers le sud.

Combinant son mouvement avec celui de la colonne de Géryville, le Commandant de Laghouat avait son rôle tout tracé. Il devait poursuivre l'ennemi dans le désert et l'atteindre avant que celui-ci n'ait rejoint un autre chef insoumis nommé Ben-Naceur, qui avait dans toute la région de nombreux partisans.

Cette expédition qui, dans la pensée de ceux qui l'entrepenaient, devait avoir une importance décisive, comprenait deux mille six cents hommes d'infanterie et de cavalerie et dix-neuf cents chameaux.

La colonne commandée par Sonis s'enfonça résolument dans le désert et entama une lutte, non pas, comme tous le désiraient, contre l'Arabe révolté, mais contre la soif et contre les éléments. Les grains de sable du Sahara devaient annihiler la bravoure de nos soldats et le génie militaire de leurs chefs.

Lorsqu'on consulte un atlas, quelques lignes noires tracées sur la carte d'Afrique indiquent parfois une rivière.

Il est bon de dire pour l'intelligence du récit que dans le Sahara, le lit de ces soi-disant cours d'eau est habituellement à sec. Dans la saison des pluies, deux ou trois fois l'an, un mince filet coule sur le sable uni et brillant. Cette eau si parcimonieusement ménagée s'évapore bien vite pour laisser de loin en loin quelques flaques bourbeuses appelées *r'dir*, qu'une tribu en voyage avec quelques chameaux a bien vite épuisées.

Les puits sont la seule ressource permanente de ces contrées. Mais, ainsi que nous l'avons dit, ils sont très éloignés les uns des autres. Il n'y avait à compter que sur les outres pleines portées sur le dos des chameaux et sur la bonne Providence en laquelle M. de Sonis avait, heureusement! une foi illimitée.

Ainsi qu'il le faisait toujours avant chaque expédition, le lieutenant-colonel avait communié le matin même de son départ. C'était le 25 mars.

Le 4 avril, on était en plein désert.

Les étapes de chaque journée étaient de huit à dix lieues. « Cette marche à travers une plaine interminable, a écrit éloquemment le lieutenant d'Harcourt, nous donnait une impression affaiblie de l'éternité. »

Par un effet de mirage, on croyait parfois apercevoir une butte, une colline, un rocher, quelque chose enfin qui ne fut pas la plaine. On marchait allègrement vers cet horizon trompeur. Mais rien ne venait rompre l'écrasante monotonie de ce ciel toujours bleu et de ce terrain toujours plat et desséché. Pas un arbre, pas une touffe d'herbe, pas le plus petit monticule.

Le soir, M. de Sonis traçait la limite du camp, réglait la distribution des vivres et de l'eau ; en un mot, veillait à tout et se disait tout bas que, dans ces conditions, si l'ennemi ne se montrait pas bientôt, la poursuite ne saurait se prolonger longtemps.

Un jour, pendant la marche, il s'éleva durant deux heures un vent si violent que les tourbillons de poussière et de sable fin produisirent une obscurité complète. Enveloppés dans ce nuage obscur, les soldats ne voyaient plus leurs plus proches voisins. Lorsque la tempête fut calmée, on fit l'appel. Un homme manquait dans les rangs. On envoya à sa recherche un peloton de chasseurs ; on alluma des feux de brous-

sailles qu'on fit flamber toute la nuit. Peines inutiles !
Le malheureux, enseveli sans doute dans le sable, ne
fut jamais retrouvé.

Et l'ennemi se dérobait toujours.

M. de Sonis jugea que la colonne était trop lourde
pour le gagner de vitesse. Il constitua une colonne
mobile composée seulement de trois escadrons et de
trois compagnies de zouaves avec un convoi de chameaux portant l'eau et les vivres. Il se mit à sa tête,
et le 15 avril, par une chaleur accablante, prit les de-
vants dans l'espoir de rencontrer Si-Lalla.

On marcha jusqu'à quatre heures du soir.

Le lendemain, vers midi, les soldats n'ayant plus
la ration d'eau nécessaire, commencèrent à tomber.
En une heure, plus de quarante s'affaissèrent. Les
cavaliers mirent pied à terre et hissèrent sur leurs
chevaux leurs malheureux camarades. Il fallut enfin
s'arrêter.

Le découragement gagnait nos hommes. Quelques
murmures se firent entendre parmi les zouaves. L'un
d'eux s'oublia jusqu'à dire qu'il était bien facile au
colonel de Sonis de laisser mourir de faim et de soif
de pauvres soldats, pendant que lui faisait bonne
chère.

Le propos fut rapporté au colonel. Celui-ci se fit indiquer le zouave mécontent et s'en alla l'inviter à dîner pour le lendemain dans sa tente.

Un peu confus de cet honneur qu'il ne méritait guère, mais secrètement satisfait à la pensée d'un repas succulent, le zouave se rend auprès de son chef. Sonis le fit asseoir sur une couverture, se mit à ses côtés et fit servir son ordinaire : deux biscuits, du riz à l'eau et une ration d'eau tiède conservée dans une peau de bouc. Un peu surpris du menu, le zouave comprit la leçon et ne se plaignit plus.

Le 17 avril, un espion vint annoncer à Sonis que Si-Lalla n'était pas loin. Il avait campé la veille auprès d'un r'dir éloigné seulement de quelques heures. Cette nouvelle aiguillonna la troupe et l'on se remit en marche.

A onze heures du soir on arriva en effet au bord d'un r'dir ; mais, ô déception ! la mare était vide. Les soldats regardaient, désespérés, cette masse de boue noirâtre à la place du liquide bienfaisant qui devait les désaltérer.

Les chevaux avaient marché vingt heures et n'avaient pas bu depuis la veille. De plus, on savait l'ennemi dans le voisinage. S'il avait surpris à cette heure la troupe épuisée et démoralisée, resserrée entre les rives étroites de l'Oued-Gharbi, tous les hommes eussent été fusillés à bout portant avant d'avoir pu tenter l'escalade des bords escarpés de la rivière.

Dans cette circonstance, une des plus critiques de sa vie, le colonel de Sonis songeait avec épouvante que la vie de ces milliers d'hommes dont il avait la charge dépendait du voisinage plus ou moins rapproché des Arabes révoltés ou des puits de Bou-Aroua que les goumiers, sur son ordre, tentaient de découvrir.

Il eut quelques heures de cruelles angoisses pendant lesquelles il se recommanda avec ferveur à saint Joseph, son protecteur ordinaire. Il achevait sa prière lorsque le goum vint l'avertir qu'on venait de trouver les puits à une dizaine de kilomètres.

Cette nouvelle circula avec la rapidité d'une traînée de poudre. Hommes, chevaux, chameaux et mulets se remirent en marche. Arrivés aux puits de Bou-Aroua, les mulets de bât rompirent leurs entraves. Il fallut les frapper pour les empêcher de troubler l'eau avant que les hommes fussent désaltérés.

Cette eau, d'ailleurs, était loin d'être fraîche. Jaune

et saumâtre, elle eût été dédaignée en toute autre circonstance. Pour nos pauvres soldats d'Afrique, c'était
le salut, et Sonis entendit un zouave dire à un de ses
compagnons : « Je n'aurais jamais cru qu'il viendrait
un jour où un gamelon d'eau me ferait plus plaisir
qu'un gamelon de vin ». Tant qu'on put ramasser
quelque chose de liquide au-dessus de la mare fangeuse, on remplit les outres et les tonneaux. Ravis à
la pensée de l'ennemi qui devait être sur le plateau et
qu'on comptait bien mettre en déroute, nos hommes
repartirent pleins d'entrain en faisant des rêves de
victoire.

Hélas ! c'étaient des rêves et le réveil n'était pas
loin.

Arrivé sur le plateau où devait camper Si-Lalla,
chacun interrogeait l'horizon d'un œil avide afin de
découvrir enfin les Arabes poursuivis depuis tant de
jours.

Mais l'éternel même spectacle se déroulait devant
la colonne complètement découragée : la ligne bleue
de l'horizon, les plaines de sable, le silence, la solitude, le désert. Si-Lalla fuyait toujours et le colonel
de Sonis, interrogeant Dieu et son devoir, dut ordonner la retraite. Il ne pouvait en conscience mener à

une mort certaine ses braves soldats vaincus par la chaleur et la soif.

Cette marche en arrière fut des plus pénibles; le soleil était au zénith : épuisés, haletants, altérés, nos hommes ne pouvaient plus se soutenir.

Toutes les heures, on s'arrêtait cinq minutes pour faire souffler les chevaux et attendre les traînards,

Pendant ces cinq minutes, les soldats se couchaient sur le sable et mettaient leur tête sous le ventre de leurs chevaux pour trouver l'ombre courte et brûlante du poitrail des malheureuses bêtes. Ce léger adoucissement à une chaleur torride endormait les pauvres soldats. Au bout des cinq minutes, il fallait les réveiller pour les faire repartir; le moindre retard pouvait être mortel.

Le colonel de Sonis avait la mort dans l'âme. Tenir le succès si près et être obligé d'y renoncer! Peut-être s'en fallait-il de quelques heures et un peu d'eau pour assurer le résultat de cette pénible campagne.

Dans cette pensée, le colonel avait envoyé le goum en avant dans le désert continuer la poursuite.

Les cavaliers arabes étaient seuls capables de soutenir la lutte. Sans uniforme, revêtus seulement de leurs blancs burnous et montés sur ces merveilleuses cavales, qu'ils appelaient dans leur pittoresque et poétique langage : *les buveuses d'air*, les goumiers avaient quelque chance d'atteindre et de vaincre Si-Lalla. Quant à nos soldats, ils donnaient le lamentable spectacle d'une armée en déroute.

Comme en Russie, lors de la désastreuse campagne de Napoléon Ier, les armes leur tombaient des mains, Là, le froid avait raidi tous les membres; ici, le chaud et la soif terrassaient ces vaillants et faisaient prévoir une fin aussi prompte et non moins douloureuse.

On n'avait plus que quatre litres par cheval et un litre par homme d'une eau qu'on ne pouvait avaler sans éviter d'en respirer l'odeur.

Soutenus encore par la pensée des puits de Bou-Aroua, que l'on avait presque épuisés la veille, nos soldats éprouvèrent un morne désespoir en constatant, lorsqu'ils y arrivèrent, que les *r'dir* étaient à sec.

Le soleil fendillait déjà la première couche de boue.

Les pauvres altérés se précipitèrent sur cette boue

infecte. Ils la pressuraient dans leurs mouchoirs afin de recueillir quelques gouttes épaisses qu'ils buvaient avec avidité,

Pendant que la colonne se traînait ainsi mourante, les goumiers couraient à la victoire.

Deux heures seulement après s'être séparés de nos soldats, ils avaient rencontré Si-Lalla et avaient fait une superbe razzia de moutons et de chameaux en lui tuant dix hommes.

A deux reprises, de nouvelles tentatives contre les insurgés furent couronnées de succès. Pour longtemps on avait mis les tribus rebelles hors d'état de nuire, et la tranquillité se trouvait assurée pour plusieurs années dans le Sud de l'Algérié.

Pendant que le goum accomplissait cés rapides et joyeux exploits, le colonel de Sonis et sa troupe revenaient lentement à travers le désert et n'avaient devant les yeux que la mort en perspective.

Le palais desséché, la paupière appesantie, chacun s'abandonnait au pas de son cheval, sans avoir plus la force de prononcer une parole.

Les pauvres bêtes se traînaient mourantes et Sonis, navré, mais toujours confiant, implorait le secours d'en haut.

Tout à coup, sans aucune impulsion étrangère, les coursiers redressent leurs naseaux, hument un instant l'air embrasé et partent d'ensemble, au trot, attirés d'instinct vers un point que leur extrême nécessité leur faisait deviner.

C'était un bouquet de tamaris et de lauriers-roses qui cachaient à tous les regards un bassin rempli d'eau.

Cette découverte sauvait la colonne.

Hommes et bêtes se désaltérèrent avec enthousiasme. On franchit rapidement les quatre lieues qui séparaient la cavalerie de l'infanterie laissée en arrière et, le 2 mai 1866, nos soldats rentraient heureusement à Laghouat, où M. de Sonis retrouva sa famille qui avait passé sans nouvelles six semaines dans l'angoisse.

Il y trouva aussi la croix d'officier de la Légion d'honneur qui ne pouvait guère briller sur une plus noble poitrine, croix qu'il déposa pieusement à Alger aux pieds de Notre-Dame d'Afrique.

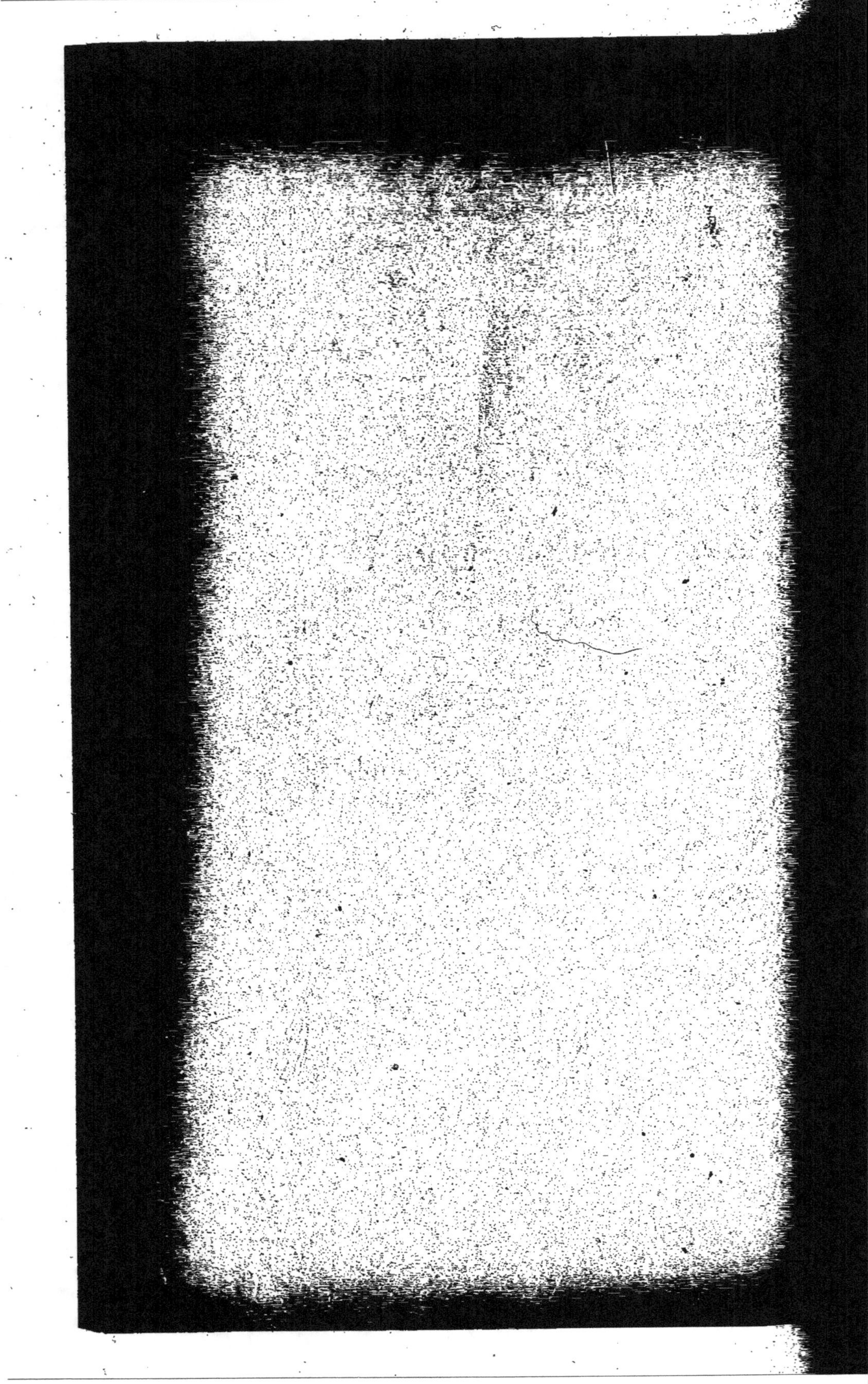

VIII

LES DERNIÈRES ANNÉES D'AFRIQUE.
SUPRÊME TENTATIVE DE SI-LALLA ET TRAHISON
DES TADJINI.
UN TRAIT DE GÉNIE MILITAIRE
A LA BATAILLE D'AÏN-MADHI.

E colonel de Sonis passa à Laghouat deux ou trois années relativement paisibles. Il avait alors neuf enfants. Marie, l'aînée de ses filles, avait achevé son éducation au Sacré-Cœur de Poitiers.

Suivant les traditions de piété de parents éminemment chrétiens, la jeune fille avait demandé à son père l'autorisation d'entrer au Carmel. Une vocation irrésistible la portait vers le cloître, et ces pieuses aspirations que les parents les plus religieux voient

9

souvent avec tant de peine se faire jour dans l'âme de ceux qu'ils aiment, hélas! plus pour eux-mêmes que pour Dieu, avaient trouvé dans le cœur du généreux colonel un écho attendri.

Loin de s'opposer à ce désir qui, tout en réjouissant sa foi, atteignait en plein ses paternelles tendresses, le colonel de Sonis encourageait sa fille au sacrifice, bénissait son projet et l'en félicitait. Mais en père prudent et sage, vu l'extrême jeunesse de l'enfant, il voulait voir mûrir auprès de lui cette vocation dont il connaissait le prix.

Marie de Sonis revint donc en Afrique réjouir pendant quelque temps de sa présence les courageux parents, qui entendaient bien ne pas la disputer à Dieu, et faire auprès de ses jeunes frères et sœurs l'office d'institutrice en attendant l'heure de la séparation.

Une vie de famille heureuse et tranquille fut donc pendant un an ou deux le partage de ce ménage militaire dont tous les membres étaient unis par la plus tendre affection. Là, dans ce poste avancé du Sahara, loin de l'agitation de la politique européenne et des courants mondains que l'excès de civilisation apporte avec lui, M. et madame de Sonis se trouvaient heureux au désert. L'étude, les devoirs attachés à sa place de commandant de cercle, l'éducation de ses enfants ; tel était l'horizon borné et heureux du lieutenant-colonel. Il appréciait le calme de l'oasis et écrivait modestement : « La solitude m'a rendu étranger au bruit du monde, et j'imagine même que je ferais en France assez triste figure. »

En cela, M. de Sonis avait tort, car, en France et ailleurs, les hommes d'un caractère aussi fortement trempé font partout bonne figure. Sa vie de chaque jour faisait l'admiration de tous ceux qui le connaissaient. Les Arabes eux-mêmes étaient subjugués. Ils admiraient l'ordre, l'activité, la mesure qui régnaient dans cette vie si ordonnée dont toutes les heures étaient consacrées à Dieu et au devoir.

Le colonel de Sonis se levait de très bonne heure. Aussi le temps ménagé avec soin semblait pour lui se multiplier. La première heure de la journée était vouée à la prière. Il méditait chaque matin l'évangile ou l'Imitation, assistait chaque jour à la messe, déjeunait et recevait après déjeuner quelques officiers français.

Neuf heures du matin le trouvaient invariablement la plume à la main assis à son bureau, et faisant son rapport quotidien. A onze heures, il dînait en famille, se promenait quelques instants dans son jardin avec madame de Sonis et ses enfants et ensuite partait à cheval pour une de ces promenades à travers le désert, exercice qui l'avait rendu le rival des Arabes pour l'agilité à la course.

Sous ce rapport les indigènes l'appréciaient. Dans leur style imagé, ils ne se lassaient pas de parler du brillant cavalier français « dont la jument noire buvait l'air », et qui se rendait en trois jours de Laghouat à Alger sans s'arrêter, faisant préparer à distance des montures de relais et ne faisant halte que pour prendre, le pied à l'étrier, un morceau de pain et quelques gouttes de café. »

Vers deux heures et demie, M. de Sonis descendait de cheval et se mettait au travail jusqu'à l'heure du souper.

Outre les devoirs de sa charge, il trouvait le temps à Laghouat de se livrer à des lectures et à des études générales.

Sans doute les ouvrages militaires avaient le don de l'intéresser. Par goût et par devoir ce genre de lectures l'absorbait souvent, mais le colonel de Sonis était un esprit large qui laissait les spécialités aux pharmaciens et aux médecins, pour s'occuper de toutes les questions générales d'art, de philosophie, de littérature, de religion qui intéressent l'humanité.

« Il importe plus de préparer à la patrie et à l'armée des âmes que des intelligences », a écrit dans une heure de franchise et de bon sens le baron prussien de Stein. Le colonel de Sonis était de cette école. Il estimait qu'un soldat avait le devoir de s'instruire, et la science religieuse, la première de toutes à ses yeux parce que c'est elle qui forme l'homme, occupait une large place dans le cadre de ses occupations journalières.

La tranquillité de cette vie si bien remplie fut troublée par le terrible été de 1867 qui fit monter le thermomètre à 45 degrés minimum. Ce climat dévorant faisait craindre les fièvres pour la jeune famille du colonel.

Afin de respirer un air un peu moins embrasé, madame de Sonis et ses enfants allèrent s'établir sous des tentes de feuillage dans la forêt de Djelfa. Des maux d'yeux les forcèrent à revenir à Laghouat pour assister à l'horrible spectacle d'un peuple que la famine et le choléra décimaient.

A cause de la sécheresse, les récoltes n'étaient pas

arrivées à maturité. Les sauterelles achevèrent de détruire ce qui restait de fruits, de feuilles et d'herbes. Elles dévoraient jusqu'à l'écorce des arbres. On leur fit la chasse et on en écrasa des milliards. Mais leurs cadavres en putréfaction avaient amené la peste et les malheureux Arabes tombaient morts dans les rues, sur les places publiques, sous la tente, partout. C'était un spectacle navrant.

La charité chrétienne et française, sous l'impulsion du cardinal Lavigerie, se multipliait. M. de Sonis se montra son auxiliaire dévoué; mais les secours trop limités n'étaient qu'une goutte d'eau dans la mer et le pauvre colonel souffrait cruellement de son impuissance à secourir tant de pauvres malheureux. Un matin, il avait vu défiler à la porte de la petite ville soixante-trois cerceuils qui se dirigeaient vers le cimetière musulman. C'était dans ces proportions que la famine et le choléra accomplissaient leur œuvre de mort.

Dans toutes les circonstances douloureuses, la note chrétienne dominait tout. Il tâchait autant que possible de remédier au mal, sa nature étant essentiellement agissante; puis il se soumettait humblement et adorait les desseins de la Providence qui sait tout faire tourner au profit de ceux qui aiment Dieu.

« Monseigneur l'archevêque a créé un orphelinat où près de mille enfants indigènes ont déjà été recueillis, écrivit-il. Et ces mille orphelins recueillis par la charité catholique seront un jour les chefs de mille familles chrétiennes et ma pépinière d'âmes pour le ciel. »

Les prodiges de dévouement et d'abnégation de la charité catholique dans le nord de l'Algérie n'empêchèrent pas le sud de faire en 1869 une suprême tentative pour se soustraire au joug de la France.

Le jeune chef des Oulad-Sidi-Cheikh, Si-Ahmed, était mort. Il avait laissé le gouvernement de sa belliqueuse tribu à son frère le prince Kaddour. Le fameux Si-Lalla, son oncle, se remit à prêcher la guerre sainte et il réunit une armée de quatre mille hommes dans le dessein de ruiner à jamais la puissance française en Afrique.

Le cercle de Laghouat, le plus avancé du côté du désert, était le premier menacé.

Lorsque la nouvelle de l'insurrection éclata, Sonis se trouvait à Alger pour affaires de service.

Immédiatement il se mit en route et fit prévenir, par télégraphe, le chef d'une tribu fidèle nommé Lakdar de se préparer à la résistance.

Lakdar était un admirateur passionné et un ami du commandant de Sonis. Celui-ci appréciait la bravoure, l'intelligence et la fidélité du jeune chef mahométan. Il eut voulu gagner son âme à l'Évangile et, en attendant cette conquête, lui témoignait une confiance justement méritée.

Lakdar se mit aussitôt à la tête de son goum, tandis que Sonis arrivait en toute hâte à Laghouat pour mobiliser sa colonne et commencer la campagne.

Une chose toutefois inquiétait le commandant, c'est que cette colonne avait été considérablement réduite et les insurgés, au contraire, ne s'étaient jamais rassemblés aussi nombreux. Les Français avaient contre eux l'infériorité du nombre. De plus, les jeunes officiers étaient presque tous des nouveaux venus. « Je n'ai ni chef de bureau arabe, ni chef d'état-major, ni officier d'ordonnance, ni un seul officier supérieur dans ma colonne, écrivait M. de Sonis, et je vais me trouver en face de trois marabouts réunis. »

La situation était critique.

Heureusement les talents militaires du commandant étaient à la hauteur des chances défavorables.

A dix-sept lieues environ de Laghouat se trouvait un village ou ksar appelé Aïn-Madhi, occupé de

Il mit sa petite troupe en garde, donna l'ordre de ne tirer qu'à bout portant et attendit. (Page 140.)

longue date par les Arabes comme un lieu sacré et dont le marabout Tadjini, allié fidèle de la France, avait tenu en échec, en 1838, pendant plus d'une année les troupes d'Abd-el-Kader.

Les fils du marabout en question, Si-Ahmed-Tadjini et son frère Si-el-Bachir avaient fait savoir à M. de Sonis que l'ennemi avait paru dans la plaine, et qu'il priait le colonel d'envoyer à Aïn-Madhi de la poudre et des cartouches dont ils avaient besoin pour se défendre.

Cette demande ne laissa pas d'étonner le colonel.

Il avait pourvu récemment les frères Tadjini de munitions qui ne devaient pas être épuisées. Quoi qu'il en fût, Sonis fit savoir aux marabouts qu'il campait dans les environs, qu'il barrerait le lendemain le passage à l'ennemi, et qu'en attendant il leur envoyait un convoi de poudre pour parer à une première attaque.

La colonne de M. de Sonis se composait d'un millier d'hommes, six pièces de canon et huit cent soixante chameaux avec leurs chameliers.

Les chameliers sont d'ordinaire des gens fort bruyants et fort indisciplinés. Mais Sonis songeait à tout. Dans la crainte d'une surprise et redoutant que le tumulte ne révélât aux Arabes la présence des Français, il fit lier solidement les chameaux et donna à leurs guides une consigne de silence absolu sous les peines les plus sévères.

Puis, il partit le lendemain à la tête de sa cavalerie pour faire une reconnaissance.

Tout à coup il s'arrêta net en apercevant une trentaine de cavaliers revêtus de burnous qui sortaient d'Aïn-Madhi à bride abattue et venaient à leur rencontre.

Étaient-ce des alliés ou des insurgés ? Sonis ne pouvait le deviner. Il mit sa petite troupe en garde, donna l'ordre de ne tirer qu'à bout portant et attendit.

Cette précaution n'était pas inutile. Il eut juste le temps d'empêcher ses hommes de tirer sur le brave Lakdar et son goum et qui lui apportait un singulier renseignement.

Lakdar, envoyé en éclaireur avec vingt-trois de ses hommes, avait été fort étonné d'apercevoir autour du village d'Aïn-Madhi une multitude de burnous.

Il crut à une attaque de Si-Lalla et voulut se précipiter au secours du pauvre marabout Tadjini qu'il croyait surpris, lorsqu'il reconnut tout à coup les troupeaux du prince Kaddour. Un berger interrogé par Lakdar lui dit naïvement la vérité.

Si-Ahmed-Tadjini avait trahi la France. Il avait ouvert les portes de son kzar aux troupes de Si-Lalla.

Sonis ne put s'empêcher de penser que la situation se compliquait étrangement. Aïn-Madhi était un poste important et la trahison de Tadjini pouvait avoir pour la colonie africaine les plus graves conséquences. Une victoire de Si-Lalla pouvait ruiner à jamais notre domination dans le Sud.

Le colonel de Sonis se sentait affreusement inquiet. Il craignait une attaque dans la nuit du 31 janvier au 1er février. Il fit faire à la hâte un retranchement autour de ses grand'-gardes, recommanda de nouveau le silence absolu dans le camp et, selon son habitude, puisa dans la prière le calme et la confiance dont il avait besoin dans une circonstance aussi dramatique.

Pendant la nuit le silence, tant recommandé, fut troublé seulement par l'arrivée d'un cavalier.

C'était le chaouk, serviteur ou homme de confiance de Si-Ahmed-Tadjini.

Le rusé Arabe s'était dit qu'à la veille d'un combat

décisif, il était plus sûr de se ménager aide et protection dans les deux camps. Il lui était utile d'avoir des amis partout et de pouvoir recourir au vainqueur quelle que fût l'issue de la lutte.

Le marabout envoyait son messager en ambassadeur à Sonis, afin de lui exprimer la *peine profonde* qu'il éprouvait d'avoir dû se soumettre aux Oulad-Sidi-Cheikh. Il n'avait cédé qu'à la force, craignant pour ses jardins et ses arbres fruitiers, et espérait que le commandant aurait égard à la difficulté de la situation. En ouvrant ses portes à Si-Lalla, il conservait dans son cœur des sympathies toutes françaises qu'il tenait à lui exprimer.

Ces beaux sentiments touchèrent fort peu le colonel. Il savait à quoi s'en tenir. Aussi, il répondit carrément au chaouk que son maître, étant Français, serait considéré comme traître à la patrie, et qu'il verrait plus tard s'il y avait réellement lieu d'excuser sa conduite.

Le chaouk était terrifié. D'autant plus qu'il n'ignorait pas que le marabout avait ouvert spontanément ses portes à Si-Lalla et au prince Kaddour. La trahison était notoire. La bataille du lendemain devait heureusement la rendre parfaitement inutile.

Avant le départ du messager, Sonis s'informa du nombre des ennemis. Le chaouk parla de cinq à six mille cavaliers et de trois mille fantassins.

Le colonel savait que les Arabes ont une imagination un peu provençale. Il prit le renseignement comme s'il lui venait de Tarascon. Il fit le décompte d'usage, supprima la moitié des combattants et se dit qu'il aurait affaire à peu près à quatre mille hommes.

C'était encore quatre contre un.

La Providence devait décidément s'en mêler pour rendre le succès possible.

Chez un soldat, la bravoure, l'intrépidité, le courage sont une belle chose. Dans une bataille, le nombre peut être utile, mais il ne remplace pas la science militaire et l'application des règles de cette science à l'instant décisif d'un combat. M. de Sonis le fit bien voir aux insurgés à la journée d'Aïn-Madhi.

L'infériorité du nombre était, il est vrai, rachetée par le choix d'armes inconnues aux Arabes. Ils n'avaient pas encore manié de fusils chassepot; mais, en revanche, ils occupaient une position si favorable que, sans un trait de génie militaire du colonel de Sonis, la défaite de nos troupes était certaine.

Qu'on se figure une espèce de cuvette bordée de

tous côtés par des collines rocheuses entre lesquelles nos hommes étaient engagés. La seule issue était un col large d'une cinquantaine de mètres, au-dessus duquel, à gauche, l'ennemi avait pris position. De ce point, il attendait, parfaitement à l'abri, la colonne qui se dirigeait vers le passage, et s'apprêtait, le sourire aux lèvres, à la fusiller à bout portant.

A droite se trouvait une vallée séparée de la cuvette par une colline raide et rocailleuse, qui aurait pu nous servir de planche de salut. Mais, comment gagner l'ennemi de vitesse et arriver là sans être coupé?

Sonis vit le péril d'un coup d'œil.

Alors, avec cette promptitude et cette sûreté de décision qui sont la moitié du génie militaire, le colonel réunit les chefs de détachement et leur donne un ordre précis.

Comme à Solférino, lors de la brillante charge du 1er chasseurs d'Afrique, qu'il avait cru devoir conseiller immédiatement, Sonis ne délibéra pas cinq minutes.

Pour arriver avant l'ennemi, il fallait lui donner le change.

« Continuez votre marche vers le col où les Arabes vous attendent, dit-il à ses hommes. Puis, au signal

que je ferai donner, faites volte-face, tournez brusquement à droite et escaladez au pas de course la
colline indiquée. »

Avec une précision parfaite, le mouvement fut exé
cuté.

Arrivé à soixante mètres de l'ennemi, le colonel fit
sonner tambours et clairons. Tout le monde fit tour à
droite ; et tandis que les Arabes, qui croyaient déjà
tenir nos hommes, poussaient des cris de triomphe,
une vive fusillade commençait, et des pièces de canon,
mises en batterie sur la colline, ouvraient le feu de ce
brillant combat.

La troupe de Si-Lalla, un moment stupéfiée, se
battit bravement. Mais la victoire demeura à la France.
Les Arabes durent battre en retraite, après avoir laissé
sur le champ de bataille soixante-dix morts et quatre
fois autant de blessés. Les Français comptèrent dix
blessés et pas un seul mort. Ils entrèrent victorieux à
Aïn-Madhi. Les deux Tadjini les reçurent, on le comprend, avec une attitude embarrassée. Sonis les fit
arrêter en attendant des ordres supérieurs.

Le brillant fait d'armes d'Aïn-Madhi valut au colonel de Sonis le brevet de colonel au 6e régiment de
chasseurs. L'Empereur envoya en présent au vain-

queur la *Vie de César*, qu'il venait de publier.

A peu de temps de là, le colonel du 6e chasseurs fut envoyé à Aumale pour y commander la subdivision militaire. Ce devait être la dernière étape de Sonis sur la terre d'Afrique, où la Renommée, cette déesse aux cent bouches, ne cessait de parler de ses exploits et de célébrer ses vertus.

IX

L'ANNÉE TERRIBLE.
LE RÈGNE DES AVOCATS ET LA DÉSORGANISATION
DE L'ARMÉE DE LA LOIRE.
LES RÉGIMENTS INTROUVABLES.

ous sommes en 1870.

Cette date, écrite en caractères de sang dans les annales de la patrie, a laissé dans tous les cœurs français un souvenir inoubliable.

Cette année de deuil et d'abaissement de la grandeur nationale a été appelée par beaucoup l'année terrible.

Terrible, en effet, par les événements douloureux que dix-huit années d'un règne brillant, qui ne s'appuya, hélas! pas toujours sur la justice, avaient sourdement préparés.

On a vu comment l'Empereur Napoléon III avait soutenu les révolutionnaires italiens au détriment des petits Etats de la Péninsule et du gouvernement pontifical. Il avait mis, de cette façon, le doigt dans l'engrenage radical qui devait bientôt saisir tout le corps du régime impérial et le jeter comme une proie convoitée entre les mains vengeresses de l'Allemagne.

Il y avait dix ans que le Pape Pie IX avait prédit cette peine du talion.

A la veille de l'invasion française en Italie, le Saint-Père avait dit un jour à l'abbé Cabanis :

« Votre empereur n'est qu'un *fourbe*. Dites-lui de ma part que le jour de la justice n'est pas loin. Je n'ai pas d'autre réponse à lui donner, sinon que l'épée de Dieu est prête à le frapper, par la main des hommes, non pas par la mienne. »

La Prusse devait, pendant l'Année terrible, réaliser en plein cette lugubre prédiction !

Une révolution venait d'avoir lieu en Espagne. Le général Prim avait chassé du trône la reine Isabelle et son fils pour offrir la couronne au prince Antoine de Hohenzollern, le cousin du roi de Prusse.

Naturellement, cette offre, qui menaçait l'équilibre européen, ne pouvait être du goût de la France. Elle ne pouvait voir sans protester cette espèce de résurrection de l'empire de Charles-Quint. Il ne s'agissait plus cette fois du Pape, des Bourbons de Naples, du duc de Modène ou du duc de Parme. C'était lui, Napoléon, qui se sentait menacé par les prétentions prussiennes. Les bienfaits de l'unité allemande ne lui parurent pas aussi désirables que ceux de l'unité italienne et sa politique fit aussitôt volte-face.

Toutefois, Napoléon redoutait la guerre et les maux qu'elle entraîne à sa suite. Il eut volontiers entamé des négociations et apaisé le conflit naissant par voie diplomatique. Mais un ministre radical, Émile Ollivier, qu'il venait d'appeler au pouvoir, fit à la Chambre, le 15 juillet, un discours si éloquent, que l'Assemblée électrisée conclut à une déclaration de guerre.

L'empereur, assez malade depuis quelque temps, semblait moins enthousiasmé d'une campagne contre la Prusse que le peuple affolé qui se promenait dans les rues de Paris en criant : A Berlin !

Peut-être doutait-il de la bonne organisation de notre rouage militaire. Quoi qu'il en fût, il se résigna à prendre l'offensive, comptant un peu sur son étoile et beaucoup sur l'inspiration du moment qui ne lui avait pas encore fait défaut.

La Prusse témoignait moins de confiance ; mais elle prévoyait les choses de loin.

En 1870, le prince Frédéric-Charles faisait à l'École militaire de Berlin de savantes conférences sur l'art de *vaincre les Français;* tandis qu'à Paris, Napoléon III disait à ses lieutenants : « Messieurs, débrouillez-vous. Tout est là. Il faut savoir se débrouiller. » Les événements ne devaient pas tarder à apprendre à la nation française quelle leçon était la bonne.

L'empereur s'était réservé le commandement en chef de huit corps d'armée échelonnés sur toute la frontière. Il quitta Paris le 28 juillet.

Six semaines plus tard, la première phase de la guerre était terminée. Les défaites avaient succédé aux défaites. Fait prisonnier à Sedan, Napoléon III avait rendu son épée au roi de Prusse. Il était prisonnier avec plus de cent mille hommes. La France, qui entendait continuer la lutte, avait proclamé la République, le 4 septembre, sur les ruines de l'Empire et les Prussiens marchaient sur Paris.

Pendant cette douloureuse période, le colonel de Sonis écrivait lettre sur lettre pour demander d'être envoyé à l'armée. Depuis la déclaration de guerre, il ne vivait plus. Il réclamait à cor et à cri son ordre de marche pour voler à la défense de son pauvre pays.

Dès le début des hostilités, il avait donné à la patrie le meilleur de lui-même. Malgré leur jeunesse, ses trois fils s'étaient engagés.

Le troisième, Albert, n'avait pas seize ans. Le soldat était fier de leur élan patriotique, mais le cœur du père saignait douloureusement à la pensée des dangers courus. Son frère Théobald était dans l'armée du Rhin. Sonis eut voulu le rejoindre. On lui répondait que la crainte d'un soulèvement des tribus arabes le maintenait à son poste ; et le bouillant colonel rongeait son frein en écrivant de nouveau : « Je me suis mis à faire mes malles, espérant que je ne mourrai pas sans avoir vu un Prussien en face. Encore une fois, je demande d'être envoyé à l'armée. »

Le 13 septembre, Paris allait être mis en état de siège. Le gouvernement de la Défense nationale si rapidement constitué avait délégué à Tours un vieil avocat israélite pour le représenter en province. Il se nommait Crémieux. L'avocat Glais-Bizoin et l'amiral Fourichon vinrent l'y rejoindre. Pendant un mois, ils furent à eux trois les maîtres absolus. Mais l'arrivée d'un quatrième gouvernant, l'avocat Gambetta, plus jeune, plus intelligent, plus éloquent, et surtout plus présomptueux que ses collègues, vint concentrer le pouvoir civil et militaire entre les mains du fougueux tribun. Il s'adjoignit un ingénieur, son ami, M. de Freycinet et ils s'improvisèrent tous deux généralissimes. Ils n'avaient ni science militaire, ni mandat régulier. « Jamais rien d'aussi insensé ne s'était vu en France, a écrit depuis le général Ambert. Nos descendants refuseront, j'en suis sur, de croire à une telle démence. »

Ce fut à M. de Freycinet que le colonel de Sonis demanda sa feuille de route. Il reçut sa nomination de général de brigade avec ordre de demeurer en Algérie. Ce n'était pas là ce qu'il voulait. Sonis entendait se battre, fût-ce comme simple soldat.

Enfin le 20 octobre, le nouveau général de brigade reçut une dépêche de Tours.

Je me rappelle encore, écrit madame de Sonis, le cri de joie que mon mari poussa en recevant cette dépêche. C'était l'ordre de rentrer en France, pour commander à Blois la 3e division de cavalerie et parti-

Il y rencontre la brigade du général Guépratte et un escadron
de cavalerie. (Page 156.)

ciper aux opérations de l'armée de la Loire. Hélas ! pour moi, c'était le commencement de mortelles appréhensions. Nos derniers beaux jours venaient de finir. »

Toute la famille prit la mer à Alger. Madame de Sonis et ses enfants se rendirent à Castres. Le général arrivait à Tours le 13 novembre pour s'y renseigner sur sa destination.

Le maréchal Marmont a écrit dans ses mémoires une phrase qui, en 1870, n'aurait pas manqué d'actualité :

« Les militaires de plume, disait-il, sont le fléau des militaires d'épée. »

Gambetta, pendant la guerre de Prusse, se chargea, avec son ami Freycinet, de confirmer cet axiome.

Tandis que les deux généralissimes, qui ne connaissaient rien au métier des armes, traçaient sur la carte des plans de campagne, donnaient des ordres, des contre-ordres, et faisaient marcher, au moyen du télégraphe, des troupes complètement désorganisées, les malheureux généraux avaient l'ennemi à leurs trousses et se trouvaient placés dans une alternative des plus pénibles : opérer des mouvements contre toutes les règles de l'art militaire et du sens commun, ou désobéir à ceux qu'ils considéraient, à tort ou à raison, comme leurs chefs hiérarchiques.

M. de Sonis n'échappa pas à cette embarrassante situation.

Arrivé à Tours, il se rendit aussitôt au ministère de la Guerre, pour y prendre les ordres du dictateur.

Gambetta était absent. Personne ne put rien lui dire.

Le lendemain matin, il reçut l'avis de commander la première brigade de cavalerie du 17ᵉ corps.

Le soir, ce n'était plus une brigade, c'était une division qui lui était confiée. On lui donna l'ordre de se mettre à la recherche de ses régiments, qui devaient se trouver, disait-on, dans les environs de Vendôme.

Sonis part pour Vendôme; il n'y trouve pas un cavalier. Il se rend à Châteaudun, qui venait d'être bombardée et brûlée par les Prussiens; il y rencontre la brigade du général Guépratte et un escadron de cavalerie. C'étaient les premiers éléments du corps qu'il était chargé de former.

Le général en chef de l'armée de la Loire était alors à Orléans; c'était le brave général d'Aurelles de Paladines.

A Châteaudun, Sonis avait trouvé le général Fierreck, qui avait besoin, disait-il, de la troupe de Sonis pour soutenir Dreux et Châteauneuf.

Sonis ne demandait pas mieux que de porter secours à un camarade en péril ; mais il vient de recevoir une dépêche du général en chef qui lui enjoint de se rendre à Fretteval. Il la montre à Fierreck et l'avise qu'il va télégraphier pour demander un nouvel avis.

A une heure, la réponse n'était pas arrivée. Sonis n'a plus qu'à obéir.

La mort dans l'âme, il part avec sa troupe, et, pendant cette marche douloureuse, il bondit d'indignation en entendant les insultes d'un groupe de paysans qui ignoraient à quel point un soldat est esclave de la consigne, et qui disaient en désignant ses cavaliers :
« Voyez ceux-là qui se sauvent ; ils ont peur des Prussiens. »

A Fretteval, Sonis fit bivouaquer ses hommes et s'apprêtait à prendre lui-même un peu de repos, lorsqu'arrive une nouvelle dépêche lui intimant de rebrousser chemin et de revenir à Châteaudun.

Immédiatement, il se remet en route, heureux de revenir au secours du général Fierreck. Mais une nouvelle déception l'attend. Fierreck n'est plus à Châteaudun; il vient de partir pour le Mans.

Il y avait de quoi perdre la tête. Sonis télégraphia séance tenante au ministère de la guerre pour demander qui a, en définitive, le commandement en chef des troupes cantonnées autour de Châteaudun.

Gambetta répond sans hésiter, avec l'aplomb d'un homme qu'on ne prend jamais sans vert : « C'est vous. »

Le général de Sonis demeure stupéfait. Comment concilier sa double fonction? Il ne peut commander en même temps l'armée territoriale et être en expédition avec sa cavalerie.

Il crut alors que cet état de choses était un provisoire de quelques jours, et il télégraphia de nouveau pour s'informer de la durée de ce commandement.

« Agissez, lui fut-il répondu, comme si c'était pour toujours. »

Dans ces conditions, le premier soin du général devait être de reconnaître ses troupes. Personne n'était à même de le renseigner.

Enfin, il eut le bonheur de mettre la main sur le colonel Sautereau, qui lui donna une indication sommaire :

« Dans l'Ouest, lui dit-il, vous avez un bataillon d'infanterie de marine, les mobiles des Deux-Sèvres, les mobiles du Gers, les *Volontaires de l'Ouest* et les fusiliers marins commandés par Colet, capitaine de frégate. »

C'était là un premier jalon. Sonis savait au moins que ses troupes existaient. Il n'y avait qu'à se mettre à la tête de ses régiments jusqu'alors introuvables.

Pour commencer son enquête, il demanda d'être relevé du commandement de Châteaudun et reçut de Gambetta, en guise de réponse, cette étonnante nouvelle :

« Je vous donne le commandement en chef du 17e corps d'armée. »

La surprise de M. de Sonis égala la défiance modeste qu'il avait de lui-même.

Il n'avait, certes ! jamais mérité le reproche que le maréchal de Broglie signale à la France comme l'obstacle le plus sérieux au succès de nos armes.

« Tous nos officiers ont chacun en particulier, a-t-il écrit, autant de courage et plus de talents et d'intelligence que les officiers des ennemis; mais ils pèchent tous par un point essentiel : il y en a peu parmi eux, dans les grades même les plus subalternes, qui ne fassent des projets de campagne et qui ne censurent le général.

» Rien de si commun que d'entendre raisonner sur le grand du métier, et rien de si rare que de trouver des officiers capables de bien mener la troupe qui leur est confiée.

» C'est cependant de la perfection avec laquelle le lieutenant conduit trente hommes, le capitaine sa compagnie, le colonel son régiment, le brigadier sa brigade; de la promptitude avec laquelle une troupe marche, se rompt, se met en bataille, que dépend le bon ou le mauvais succès d'une affaire; et, lorsque les troupes sont mal dressées, il est impossible d'empêcher l'ennemi de prendre avantage sur elles. »

M. de Sonis était trop modeste pour s'arroger le droit de censure, et trop intelligent pour être vain.

Aussi, cette brusque promotion lui paraissait inexplicable; mais il n'y avait qu'à obéir.

« Quelle sottise! disait-il toutefois au curé de Marboué, de transformer tout d'un coup un pauvre colonel d'hier en général commandant un corps d'armée. Mais à la garde de Dieu! »

Si Gambetta n'avait jamais fait d'autre sottise, il y

aurait grandement lieu d'exalter sa mémoire. M. de Sonis n'était pas de ceux auxquels l'obéissance répugnait ; c'est précisément à cause de cela qu'il était digne de commander.

X

LE COLONEL DE CHARETTE ET LES ZOUAVES PONTIFICAUX
LES VISITANDINES DE PARAY-LE-MONIAL
ET LE FANION DU GÉNÉRAL DE SONIS.
SOUS LE DRAPEAU DU SACRÉ-CŒUR

Avant la campagne d'Italie, un jeune officier français avait pris du service dans la petite armée du duc de Modène.

Il se nommait le baron Athanase de Charette.

Lorsque la France, de concert avec le roi de Piémont, envahit les petits États italiens, le jeune militaire, qui ne voulait pas porter les armes contre ses compatriotes, donna sa démission.

Une fois la paix conclue entre l'Italie et l'Autriche, M. de Charette offrit son épée et ses services au Pape Pie IX.

En 1870, le roi Victor-Emmanuel, au lieu de prêter secours à son ancien allié Napoléon III, profitait du désarroi général pour mettre le sceau à ses sacrilèges spoliations : il s'empara des États de l'Église et fit de Rome sa capitale.

Un corps de volontaires français s'était formé depuis dix ans à Rome pour la défense du Saint-Siège. Le baron de Charette était le lieutenant-colonel des zouaves pontificaux. Après la prise de Rome, le 20 septembre 1870, les zouaves furent rapatriés, et M. de Charette vint offrir au gouvernement de la Défense nationale la vaillante petite troupe qui avait fait ses preuves à Mentana et à Castelfidardo.

Cette poignée de soldats, exercés au maniement des armes, formait, dans la circonstance critique où l'on se trouvait, un appoint qui n'était, certes, pas à dédaigner. Gambetta, au lieu de les accepter avec enthousiasme, y mit quelques façons. Le caractère royaliste et catholique de ces nouveaux défenseurs le gênait quelque peu. Il voulut enlever à ce renfort inespéré son nom, son uniforme et le fondre avec une autre légion afin de ménager quelques susceptibilités républicaines et libre-penseuses. M. de Charette refusa. Enfin, on finit par s'entendre et les zouaves, devenus les *Volontaires de l'Ouest*, faisaient partie du 17e corps confié à M. de Sonis.

La fleur de la noblesse et de la chevalerie françaises était entrée dans ce corps d'élite. Comme s'agissait d'un régiment de volontaires, on y voyait des têtes d'enfants, des têtes de vieillards et des têtes de jeunes gens. Barbes blanches et moustaches blondes parsemaient ces files de soldats qui marchaient d'un pas léger et résolu. *Vive Pie IX et vive la France!* était leur cri de guerre. Chaque bataillon avait un aumônier : le Père Dousset, dominicain, et le Père de Gerlache, jésuite.

Sonis était heureux d'avoir sous ses ordres de si braves gens. Il en écrivit de Châteaudun au colonel de Charette, qui s'empressa de rejoindre le 17e corps au camp de Saint-Laurent-des-Bois, sur la lisière de la forêt de Marchenoir où le général hâtait l'organisation de ce corps d'armée si étrangement confié à son commandement.

En se préparant à combattre les Allemands, Sonis ne se faisait pas les illusions trop communes de la plupart de ses compatriotes sur l'issue de la lutte. Il savait qu'il avait affaire à un ennemi sérieux ; il ne dédaignait pas le soldat allemand. Quelques traits de

bravoure racontés par des témoins oculaires confir-
maient d'ailleurs la bonne opinion qu'il a conservée
toute sa vie de la discipline et du sang-froid des soldats de l'armée ennemie.

Ainsi, après la bataille de Coulmiers, un hussard
racontait qu'envoyé avec quelques camarades à la
lisière d'un petit bois pour reconnaître la plaine, avec
ordre de n'engager dans le moment aucun combat, il
avait aperçu quelques soldats allemands qui venaient
observer leur mouvement. L'un d'eux pousse son
cheval en avant, se croise les bras et, arrivé à portée
de fusil du détachement, se met à chanter comme
pour provoquer les Français. L'officier des hussards,
que cette bravade irrite, met le uhlan en joue, malgré
la défense faite de tirer. Le coup allait partir.

— *Feu!* crie en français le soldat visé, sans s'é-
mouvoir. Étonnement ou générosité, celui qui visait
laissa retomber son arme, et le Prussien tourna bride
en riant et en faisant caracoler son cheval.

Les volontaires de l'Ouest pouvaient se mesurer
avec ces vaillants.

Leur réputation, d'ailleurs, était faite.

Un jour, Gambetta demandait à quelqu'un une
appréciation sur les zouaves pontificaux et sur une

troupe de francs-tireurs appelés : *les Volontaires de la Mort*.

— Monsieur le Ministre, lui fut-il répondu, si c'est pour chanter « la Marseillaise », envoyez à l'ennemi « les Volontaires de la Mort »; si c'est pour se battre, mettez en avant les Pontificaux.

Pendant toute la durée de la guerre, les braves zouaves pontificaux justifièrent ce jugement.

« Je regarderai comme un éternel honneur d'avoir commandé à de pareils hommes », a écrit après la guerre le général Gougeard.

A Loigny, à Auvours, au Mans, ils firent des prodiges de valeur. Les Prussiens eux-mêmes leur rendirent témoignage. Ainsi, après la bataille de Champagné, le lieutenant Garnier, blessé et fait prisonnier par les Allemands, voyait son lit d'ambulance entouré par des officiers ennemis qui lui serraient la main et lui disaient : « Brave Français ! »

Dans la même journée, le capitaine Lallemand, envoyé avec quelques hommes en reconnaissance, eut aussi l'occasion de soutenir la réputation de sang-froid des zouaves pontificaux.

C'était à la nuit tombante. Lallemand et sa petite troupe entendent tout à coup des balles siffler à leurs oreilles. Croyant à une erreur des mobiles, Lallemand crie à ceux qui les fusillaient : « Ne tirez pas. Nous sommes Français. —Et nous aussi, réplique une voix sans accent étranger. — Quel régiment? — 31e de marche.

Lallemand s'approche et, à quelques pas, un cri se fait entendre : Rendez-vous. — Jamais, répond d'une voix vibrante l'impétueux capitaine reconnaissant l'ennemi. Aussitôt une décharge passa autour de lui sans le toucher. Le zouave regarde les Prussiens en face, se croise les bras et dit dédaigneusement : » Vous êtes des maladroits ». Là-dessus, il se retourne et, avec un aplomb superbe, comme s'il avait eu un bataillon derrière lui, il crie d'une voix tonnante : » Feu! » Les zouaves tirent et les Prussiens, déconcertés, battent en retraite rapidement (1).

Tels étaient les hommes que le brave général de Sonis allait avoir sous ses ordres.

En plus de la bravoure, il avait avec eux le lien étroit d'une foi commune et l'ardeur que les cœurs généreux apportent aux grandes et nobles causes. Non seulement la troupe de Charette savait suppor-

(1) Cité par Villefranche. *Vie du général Chanzy*.

Entre le général de Sonis et le colonel de Charette se trouvait
le Père Doussot. (Page 174.)

ter la fatigue et braver l'ennemi; mais elle savait prier. Elle mettait sa confiance dans le Dieu des armées. L'espoir d'une vie meilleure soutenait et fortifiait les cœurs de ces chrétiens convaincus. Ils puisaient dans la pensée d'une conquête éternelle la noble indifférence qu'il témoignait à chaque heure pour la vie d'ici-bas.

Or, la prière aussi est une puissance, puissance trop souvent méconnue, mais qui n'en est pas moins réelle.

Un penseur chrétien, Donoso Cortés, a dit de la prière qu'elle seule faisait équilibre dans les choses de ce monde et que, s'il y avait une seule heure d'un seul jour où la terre n'envoyât aucune prière au ciel, ce jour et cette heure seraient le dernier jour et la dernière heure de l'Univers.

Je crois, ajoutait-il, que ceux qui prient font plus pour le monde que ceux qui combattent et que, si tout va de mal en pis, c'est qu'il y a, hélas! de nos jours, beaucoup plus de batailles que de prières.

En 1870, les religieuses Visitandines de Paray-le-Monial se souvenaient sans doute plus que jamais de cette vérité indiscutable.

Elles ne pouvaient combattre sur le champ de bataille ; mais elles pouvaient prier. Qui dira les ardentes supplications sorties de ces cœurs fervents et dévoués pour le salut de la France ?

Pour forcer la victoire à revenir à nous ou pour arrêter le bras du Tout-Puissant, qui s'appesantissait si lourdement sur des enfants à la fois aimés et coupables, l'une d'elles, dans une pensée de foi qui était sans doute une inspiration d'en haut, soumit à sa supérieure un projet auquel celle-ci souscrivit volontiers.

Il s'agissait de mettre Paris et la France sous la sauvegarde du cœur de Jésus, de broder une bannière portant l'image de ce cœur sacré et de l'envoyer au général Trochu pour le faire arborer sur les remparts de la capitale.

Les Visitandines sont adroites ouvrières. Elles confectionnèrent un chef-d'œuvre. En moire blanche brodée d'or, la bannière portait au centre l'image du Sacré-Cœur de Jésus, en velours cramoisi. Au-dessus et au-dessous de la pieuse effigie des lettres couraient sur la soie de l'étoffe. Elles rappelaient le cri d'angoisse qui sortait depuis cinq mois de la bouche de tant d'âmes croyantes et désolées : « Cœur de Jésus ! sauvez la France. »

Une fois la broderie achevée, elle fut déposée durant un mois sur le tombeau du premier apôtre de la dévotion au Sacré-Cœur, la bienheureuse Marguerite-Marie.

De là, l'étendard fut envoyé à Tours à un pieux laïque, M. Dupont, qui voulait bien se charger de l'adresser à Paris.

Mais Paris était entièrement investi par l'armée allemande, l'envoi n'était plus possible. M. Dupont le fit savoir aux Visitandines qui répondirent sans trop savoir alors à qui elles appliquaient ce titre : « Puisque Paris est bloqué, donnez l'étendard aux volontaires des contrées de l'Ouest. »

Le baron de Charette, avec ses zouaves pontificaux, venait d'être incorporé dans l'armée de la Loire. M. Dupont ne crut pas pouvoir déposer son *Labarum* entre des mains plus dignes. Charette avait pieusement accepté le drapeau. Mais il ne l'avait pas encore déployé devant son régiment lorsqu'il rejoignit Sonis au camp de Saint-Laurent-des-Bois.

Le lendemain, par ordre du général en chef, Sonis se mit en marche et campa à Coulmiers. Il aurait aimé s'y arrêter pour attendre un convoi de chaussures qui s'était trompé de direction. La troupe avait marché presque nu-pieds dans la neige. C'était le 1er décembre. Les soldats étaient horriblement fatigués; mais un ordre d'Aurelles de Paladines, le général en chef, venait d'arriver. Il enjoignait à Sonis de se porter en avant sur Saint-Péravy-la-Colombe, pendant que le général Chanzy se dirigeait sur Patay.

Il était neuf heures du soir et il y avait de 12 à 15 degrés de froid. L'infanterie marchait vite et, malgré la fatigue, ne souffrait pas trop de la température. Il n'en était pas de même pour les membres de l'état-major. Les étriers leur glaçaient les pieds. M. de Charette, le général de Sonis et quelques officiers descendirent de cheval pour se réchauffer en marchant.

Entre le général de Sonis et le colonel de Charette se trouvait le Père Doussot. La conversation entre ces trois hommes unis dans une même pensée de foi et un danger commun devint tout à coup très intime. L'aumônier des zouaves parlait de Dieu et de sacrifice à deux âmes capables de sentir et de comprendre la profondeur de ses paroles.

Tout à coup Sonis, désignant un spahi qui portait son fanion, dit à Charette d'un air de regret :

« Voyez cet étendard ; — c'était une croix blanche sur un fond bleu ; — j'aurais voulu y mettre un emblème religieux plus marqué. J'y avais fait peindre d'abord un crucifix. Il était si mal fait que j'ai dû y renoncer. »

Aussitôt le colonel, songeant à la bannière des Visitandines, crut le moment venu de parler de l'envoi de M. Dupont.

— Mon général, dit-il, si vous le voulez, j'ai votre affaire.

Et il conta l'histoire de l'étendard du Sacré-Cœur envoyé à ses zouaves.

Sonis, ému jusqu'aux larmes, tendit la main à Charette.

— J'accepte, colonel, dit-il. Et vous me désignerez un de vos zouaves qui sera mon porte-fanion.

Arrivé le soir du 1er décembre au château de Saint-Péravy, Sonis demanda au Père Doussot de dire le lendemain une messe à laquelle ses soldats pussent assister et communier avant de rencontrer l'ennemi, ce qui ne pourrait guère tarder. Les Bavarois, on le savait, étaient dans les environs.

Le P. Doussot acquiesça volontiers à ce vœu.

A deux heures du matin, Sonis assista à cette messe. Il y communia avec plusieurs des zouaves qui avaient accepté avec enthousiasme de combattre sous le drapeau du Sacré-Cœur que l'on honorait spécialement ce jour-là. C'était le 2 décembre, le premier vendredi du mois.

Le comte de Bouillé, qui avait rejoint aux zouaves son fils et son gendre, le baron Cazenove de Pradines, fut d'abord désigné comme porte-drapeau. Il refusa modestement.

« Ouvrier de la dernière heure, dit-il, je n'ai aucun droit à cet honneur. »

A cette parole, Charette avisant un jeune homme blond, déjà père de deux petits enfants, lui frappa sur l'épaule et dit à Sonis : Celui-ci sera alors votre porte-fanion.

C'était le jeune comte Henri de Verthamont. Sonis lui fit remettre immédiatement une lance, ainsi que la bannière encore dans son fourreau. Il fut décidé qu'elle ne serait déployée qu'au son du canon, sur le champ de bataille. Tous ces braves ne demandaient pas mieux que de tomber sous l'emblème religieux qu'ils considéraient plutôt peut-être comme un gage d'espérance et de vie immortelle que comme un signe de victoire. Dieu accepta leur sacrifice et la récompense de ce généreux dévouement ne devait guère se faire attendre. Tous ceux qui avaient communié le matin à côté du général de Sonis à la messe du Sacré-Cœur dite à leur intention, gisaient le soir blessés ou morts sur le champ de bataille.

Pendant que la vaillante troupe se préparait ainsi à marcher au feu, Gambetta à Tours haranguait la foule réunie dans la cour de la Préfecture et lui donnait de magnifiques nouvelles.

« Le général Ducrot, disait-il, avait fait hors de Paris une sortie victorieuse et après soixante-douze jours de siège avait franchi les lignes prussiennes. »

L'exaltation était à son comble. La fortune semblait de nouveau sourire à la France et le plan d'une jonction entre l'armée de Paris et celle de la Loire, qui devaient écraser l'ennemi entre deux feux, sortit tout naturellement du cerveau des *militaires de plume* qui paraissaient si bien renseignés.

Malheureusement, le patriotisme de Gambetta s'était enthousiasmé sans cause. Le général Ducrot avait, en effet, tenté une sortie sur la Marne et le tribun, confondant Epinay-Saint Denis (Seine) avec Epinay-sur-Orge (Seine-et-Oise), combinait un plan d'attaque sur des données qui n'existaient pas.

Le général Chanzy, commandant le 16e corps, faisait savoir quelques heures plus tard à Sonis qu'il était engagé à Loigny et qu'il avait besoin d'être appuyé. Celui-ci était arrivé depuis le matin à Patay avec des troupes passablement fatiguées, qu'il n'hésita pas toutefois, vu le danger pressant, d'envoyer au feu.

Loigny, gros village et principal point de résistance, avait déjà été occupé par les Allemands qui l'avaient organisé pour la défense. Ils avaient dû l'abandonner dans la nuit. Vers midi, les Français s'y établirent.

M. de Sonis n'avait avec lui qu'une partie de ses troupes. Il avait prêté une brigade à Chanzy et en avait détaché deux autres pour faire diversion. Cela ne l'empêcha pas de marcher en avant. Son unique brigade, qui arrivait au secours d'un corps d'armée, allait se lancer sur Loigny que les Allemands, appuyés sur les réserves du duc de Mecklembourg, attaquaient de vive force.

Le 37e régiment du 17e corps tenait bravement tête à l'attaque; mais il était temps de le soutenir. Le moment était critique.

Sonis avait fait mettre ses troupes à couvert par son artillerie. Les meilleures dispositions étaient prises, il n'y avait qu'à marcher au feu lorsqu'on vint soudain l'avertir que son centre se replie, sans qu'il pût se rendre compte de cette reculade inopinée.

D'un bond de son cheval, Sonis accourt vers le point menacé et aperçoit un régiment, le 51e de marche, qui recule épouvanté.

— En avant ! Avez-vous peur ? crie Sonis d'une voix vibrante. Mais le régiment continue à lâcher pied.

Les spahis, qui escortaient le général, se mettent à frapper les fuyards à coups de plat de sabre. Et les lâches reculent toujours.

— Vous nous perdez. Vous êtes des misérables indignes du nom de Français, reprend le général d'un accent désespéré.

La même morne apathie accueillit ce cri d'indignation. Le 51e ne marchait pas.

Sonis comprit qu'un moment de généreux entraînement pouvait seul avoir raison de cette inexplicable panique. Le colonel de Charette était avec ses zouaves sur la réserve d'artillerie. Sonis courut à lui.

« Mon ami, dit-il vivement, donnez-moi un de vos deux bataillons. »

Puis s'adressant aux zouaves :

— Il y a là-bas des lâches qui refusent de marcher. A

vous de les ramener au feu. En avant ! Suivez-moi. Montrons-leur ce que valent des hommes de cœur et des chrétiens. »

A ces paroles, tous s'élancent. Sonis n'en prit que trois cents, laissant le reste à la garde de son artillerie.

Les mobiles des Côtes-du-Nord, les francs-tireurs de Tours et de Blidah ainsi qu'une ligne de tirailleurs s'étaient joints résolument aux zouaves. C'étaient en tout huit cents hommes qui allaient attaquer une division entière.

Arrivé à la hauteur du 51ᵉ, Sonis, qui avait fait déployer la bannière du Sacré-Cœur, tenta un dernier effort pour ramener les lâches soldats au devoir. Désignant le comte de Verthamont qui portait haut et ferme l'oriflamme étincelante sous ses broderies d'or :

— Voilà, leur dit-il, le drapeau de l'honneur. Suivez-le. En avant ! N'avez-vous plus de cœur ? Marchez. »

Quelques-uns eurent honte et suivirent les zouaves ; mais presque tout le régiment couché à terre recevait les projectiles ennemis et ne bougeait pas.

Abrités par un bois, les Allemands virent s'approcher la petite troupe de Sonis qu'ils prenaient pour une avant-garde. A la tête des trois cents zouaves s'avançaient M. de Sonis, le colonel de Charette, les commandants de Monteuit et de Troussures et le capitaine Ferron.

Tous ces braves marchaient au pas, alignés, calmes comme de vieux soldats, attendant l'ordre d'ouvrir le feu.

Comme ils approchaient du bois, une vive fusillade les accueillit.

Henri de Verthamont, qui portait la bannière, tomba un des premiers. Le comte de Bouillé la relève et tombe bientôt après. Son fils, son gendre, M. de Cazenove de Pradines, s'affaissent de même sous le glorieux drapeau qui est bientôt troué de balles et couvert de sang.

Au moment de l'attaque, le commandant de Troussures s'était jeté au cou de M. de Sonis. « Ah! mon général lui dit-il! que vous êtes bon de nous conduire à pareille fête. » Ce fut sa dernière parole. Quelques instants après, il tombait sur le champ de bataille ; et l'on a vu au commencement de ce récit comment il mourut le soir, assommé par le coup de crosse de fusil d'un vainqueur cruel et brutal.

Cependant, les zouaves s'étaient jetés dans le petit bois à la baïonnette. Les Prussiens épouvantés fuyaient, tandis que les pontificaux triomphants les chassaient devant eux. Si, à ce moment, ils eussent été soutenus, la victoire était certaine; mais personne ne vint et le colonel de Charette, blessé mais non abattu, dut ordonner la retraite, en voyant l'ennemi, revenu de sa surprise, compter les assaillants et déborder les zouaves de tous côtés.

Des trois cents partis le matin, cent quatre-vingt-dix-huit zouaves et dix officiers gisaient sur ce champ de carnage.

Arrivé au-delà du petit bois, le colonel vint s'asseoir sur le bord d'un fossé. Il ne pouvait plus se tenir debout.

Quelques-uns de ses hommes voulurent l'emporter.

« Non, mes amis, leur dit M. de Charette. A quoi bon vous faire tuer? Je suis bien ici. Allez encore vous battre pour la France. » Le colonel ainsi que le capitaine Ferron furent transportés plus tard par les Prussiens dans une ferme voisine.

Quant au général de Sonis, il était tombé un des premiers baigné dans son sang. Un éclat d'obus lui avait brisé la cuisse. On sait déjà comment il passa la nuit couché dans la neige sur le champ de bataille et comment il fut recueilli et soigné au presbytère de Loigny.

Bien souvent le pieux général s'était offert à Dieu pour le salut de la France et de tous ceux qu'il aimait. A partir de ce jour, sa vie de victime commençait.

Quant au général de Sonis, un éclat d'obus lui avait brisé la cuisse. (Page 182.)

XI

LES RUINES ET LE DEUIL.

LE JUGEMENT DU GÉNÉRAL DE SONIS SUR LA GUERRE
DE 1870 DEVANT
LA COMMISSION D'ENQUÊTE ET DEVANT L'HISTOIRE.

ENDANT que le général de Sonis agonisait sur le champ de bataille, sa famille à Castres attendait, dans une anxiété facile à imaginer, des nouvelles qui n'arrivaient dans le Midi que tard et dénaturées.

Le combat du 2 décembre avait été annoncé à la France par un bulletin officiel du général Chanzy auquel le général d'Aurelle de Paladines avait confié le commandement du 16ᵉ et du 17ᵉ corps.

Dans ce bulletin, on lisait cette phrase :

« Je ne sais encore ce qu'est devenu le général de Sonis ? »

Immédiatement, madame de Sonis télégraphia à Tours au ministère de la Guerre pour demander des renseignements. C'était le 3 décembre. Une réponse laconique et assez vague lui parvint :

Blessé et prisonnier. »

Le lendemain arrivait une lettre de Gambetta qui complétait le renseignement. Le ministre, d'ailleurs mal informé, disait obligeamment tout ce qu'il savait ou croyait savoir :

« Je viens d'apprendre, madame, par M. le marquis de Villeneuve-Bargemont, qui est à la tête des ambulances internationales, que le général de Sonis a été blessé à la cuisse, vendredi, vers trois heures. On l'a déposé au château de Villepion... Par deux fois l'ambulance a essayé d'aller à Villepion enlever le général ; mais elle a dû y renoncer et le général est resté prisonnier entre les mains des Prussiens. »

Cette affirmation fausse, que M. Gambetta croyait vraie, eût été de nature à retenir l'héroïque femme du général. Qu'aurait-elle pu tenter en effet pour son mari s'il eût été prisonnier ? Mais elle n'avait pas attendu la lettre explicative. Au reçu de la dépêche, madame de Sonis s'était mise en route. Elle arriva à Tours avec son frère pour commencer ses recherches. Elle loua une voiture à raison de cinquante francs par jour, traversa Châteaudun à moitié brûlé et arriva enfin le 23 décembre à Loigny.

Le presbytère du village offrait le douloureux spectacle d'une ambulance improvisée dans laquelle les plus généreux dévouements soulageaient les plus affreuses souffrances.

Dans une salle du presbytère avaient lieu les opérations chirurgicales. On voyait partout des traces de sang et des débris de membres coupés. Madame de Sonis passa là près de trois mois couchée à terre sur un matelas, veillant et soignant son mari mutilé.

A son arrivée, le village n'était pour ainsi dire plus qu'une ruine.

M. de Maricourt, un des blessés recueillis à Loigny, a fait après la campagne cette effrayante description du lendemain du 2 décembre.

« Dans le cimetière, dit-il — c'était là que s'étaient cantonnés les zouaves — les tombes étaient bouleversées par les obus, les croix brisées, les pieux monuments renversés de tous côtés. Aux murs des maisons déchirés par les balles demeuraient suspendus fenêtres, rideaux et tapis. Les ruines étaient encombrées de cadavres dans toutes les positions : les uns étendus sur le dos ; d'autres, accroupis, agenouillés, presque debout contre les murs. Des hommes emportaient les blessés ; des charretiers enlevaient les morts. Les cahots des voitures d'ambulance occasionnaient de temps en temps la chute d'un corps qui roulait dans la neige. Quelques prêtres absolvaient les mourants. Devant la porte du presbytère, un amas de bras et de jambes coupés, livides, raidis par la gelée. Plus loin, une immense rangée de corps encore revêtus de l'uniforme sur lesquels se penchaient des visages anxieux de reconnaître un parent ou un ami. »

Parmi les blessés du presbytère de Loigny, madame de Sonis trouva le colonel de Charette.

Il y était entré, appuyé sur un piquet de tente, en disant, avec cette verve gauloise qui ne meurt guère chez les Français que cinq minutes avant le dernier quart d'heure : « Ici on scie les os et on coupe bras et jambes. ».

Moins gravement blessé que M. de Sonis, Charette venait s'asseoir auprès du lit de souffrance du général et, c'est là, dans cette petite chambre d'ambulance, que les deux braves soldats cimentèrent une amitié que la mort seule a pu briser.

La convalescence de Sonis fut longue. Lui, qui avouait avoir peu ou pas souffert étendu dans la neige sur le champ de bataille, éprouva après l'amputation de la cuisse des douleurs atroces qu'il supporta avec une héroïque patience.

On se demande comment les forces humaines peuvent soutenir de pareilles tortures.

Dans l'église et dans le presbytère de Loigny, près de deux mille blessés se trouvaient entassés du 2 au 5 décembre. Les Prussiens avaient pris toutes les provisions. Il n'y avait dans le village plus un seul morceau de pain. Le sang que M. de Sonis avait perdu après l'amputation le débarrassa en même temps d'une fluxion de poitrine ; mais il ne prit pendant ces trois jours que de l'eau et de la neige.

Le troisième jour, une religieuse de la Présentation de Tours qui cherchait son neveu, le sergent du Bourg, entra dans la chambre où était le général. Il lui désigna, étendu sur la paille, à côté de lui, le jeune blessé qu'elle cherchait. La religieuse fit emporter le jeune homme et donna au général tout ce qui lui restait de provisions, savoir un flacon de sirop de groseilles.

Le lendemain, le comité de secours aux blessés, prévenu par le curé, envoyait de Chartres des vivres et des objets de pansement. Ce fut donc grâce à la charité privée stimulée par le bon abbé Theuré, et à cette charité toute seule, que les pauvres malheureux durent leur soulagement.

Le désarroi et la confusion régnaient dans les ambulances militaires comme partout. Il n'y avait rien à attendre et à espérer de ceux qui avaient mission officielle de secourir ou de ravitailler les troupes. Soit impuissance, soit incapacité, le ministère de la Guerre laissait au dévouement individuel toute initiative charitable.

A sept lieues de Loigny habitait un chrétien d'ancienne roche, le marquis de Gouvion Saint-Cyr. Il avait établi une ambulance dans son château de Reverseau. Sa femme, la marquise de Gouvion, déploya dans cette circonstance l'énergie, le dévouement et le savoir-faire d'une sœur de charité.

Au commencement de février l'armistice étant signé et le malade ayant été déclaré transportable, le général de Sonis fut conduit à Reverseau. Il y resta

Madame de Sonis passa là près de trois mois, veillant et soignant son mari mutilé. (Page 189.)

13.

jusqu'au 15 mars et se mit en route pour Castres, accompagné de celui auquel il devait la vie après Dieu et l'abbé Batard qui l'avait relevé sur le champ de bataille, le bon docteur Baumetz. C'était cet héroïque chirurgien dont Sonis disait plus tard devant la commission d'enquête : « Il s'est trouvé un homme de cœur et de dévouement, en même temps d'une grande science, qui réussit à organiser une ambulance à Loigny ; car nos ambulances ne parurent pas sur le champ de bataille. C'est par lui que j'ai été sauvé. Pour moi, je suis peu de chose ; mais deux mille blessés environ ont passé par ses mains et lui doivent aussi la vie. »

Le chirurgien Baumetz accompagna Sonis jusqu'à Poitiers. A chaque gare de départ ou d'arrivée, deux hommes prenaient dans leurs bras le brillant cavalier d'autrefois pour le descendre de voiture. C'est ainsi que M. de Sonis rentra à Castres où il passa jusqu'à la fin de la guerre, dans la famille de sa femme, son congé de convalescence.

Ce que fut cette convalescence et quels efforts de patience et de résignation elle exigea de l'héroïque malade, on le comprendra en songeant que, du 2 décembre au 6 mai, une immobilité absolue fut imposée

au pauvre amputé qui écrivait seulement à cette date :
« Mes cicatrices commencent à se fermer ; je crois que
je pourrai marcher et je me servirais d'une jambe de
bois si le pied qui me reste n'avait été gelé. »

Il passa à Castres la triste époque de la Commune,
plus sensible aux malheurs de la France qu'à ses
propres infirmités.

Cet homme de quarante-cinq ans, dans toute la
force de l'âge et d'une énergie de caractère peu commune, réduit à l'inaction, conservait au cœur une
espérance tenace ; celle de reparaître un jour sur les
champs de bataille de l'avenir.

Dans ce but, il s'essaya à remonter à cheval, constata avec bonheur qu'il pouvait s'y tenir et se consolait de l'attente en songeant que son *heureuse* blessure
ne l'obligerait pas à quitter le service.

En attendant l'heure de l'activité, le département
du Tarn s'honora lui-même en tentant d'ouvrir au
général de Sonis une carrière politique. On lui offrit
la députation. Sonis accepta, mais à condition de ne
faire aucune démarche, aucune visite, aucune tournée électorale. Il se contenta de faire une déclaration
de principes, disant qu'il avait le droit de proclamer
qu'il appartenait en France au parti de l'honneur.

Au scrutin, hélas ! ce parti-là est trop souvent battu. Sonis ne fut pas nommé. Mais vingt-trois mille trois cent vingt-quatre suffrages dans un pays en majeure partie huguenot, racontent assez haut quelle auréole d'estime et d'admiration sympathique s'était formée autour de son nom.

Ce nom, du reste, était devenu une tradition.

Le général de Sonis, sur le champ de bataille de Loigny, avait souffert aussi bien comme père que comme soldat. Ses trois fils portaient l'uniforme : Albert, le plus jeune, peu grièvement blessé, était tombé comme lui sous les balles ennemies. Il était, à seize ans, maréchal-des-logis de spahis. Durant plusieurs jours, le général ignora son sort. Le second, Henri, faisait partie de l'armée de Bourbaki ; il avait été interné en Suisse. Le déraillement du chemin de fer de Neuchâtel à Colombiers faisait craindre chaque jour au pauvre père de lire dans les journaux le nom de ce fils chéri sur la liste des vingt-deux morts ou des soixante-douze blessés. Ce ne fut que bien tard que la famille apprit qu'il avait été dirigé sur Marseille et de là en Afrique.

Quant à l'aîné, Gaston, il avait été fait prisonnier, s'était évadé et réfugié dans la citadelle de Bitche.

Là, il avait été deux fois mis à l'ordre du jour pour sa bravoure dans les sorties tentées par la garnison.

Chez les Sonis, on le voit, le courage militaire était un bien patrimonial.

Au mois de septembre 1871 finissait la disponibilité du général de Sonis. Il voulut profiter de ses derniers jours de liberté pour se rendre en Belgique où le comte de Chambord lui avait donné rendez-vous.

Tous deux désiraient vivement cette entrevue : Henri V avait écrit à Sonis pour le féliciter de sa belle conduite à Loigny. Sonis, profondément touché, voulut se rendre à Anvers pour offrir ses hommages à celui que son cœur, fidèle aux traditions de l'ancienne noblesse française, appelait toujours : *le roi.*

Descendu à l'hôtel, le général était en train, le premier matin d'assez bonne heure, d'ajuster sa jambe de bois qu'il ne maniait encore que difficilement, lorsqu'il entendit frapper à sa porte. Il s'excusa de ne pouvoir ouvrir.

Le visiteur matinal se retira sans mot dire.

Quelques instants après, Sonis le rencontrait sur la place de la cathédrale où il allait entendre la messe.

Il s'approcha du général, le plaisanta agréablement

sur le temps qu'il employait à sa toilette et lui offrit
le bras en disant aimablement : « Mon cher général, j'avais été vous chercher... Appuyez-vous,
car ma mauvaise jambe vaut encore mieux que la
vôtre. »

L'inconnu, en effet, boitait légèrement.

C'était le comte de Chambord, qui avait fait une
chute de cheval et s'était cassé la jambe en 1840, et
qui venait aujourd'hui à la rencontre du glorieux
blessé de Loigny, voyageant à Bruges incognito.

Après cette royale entrevue, M. de Sonis revint à
Paris.

Le 18 juin, l'Assemblée nationale avait voté une
enquête destinée à éclairer l'opinion sur les respon-
sabilités encourues par les chefs du gouvernement et
de l'armée pendant la guerre.

Tous les généraux devaient être interrogés et faire
leur déposition devant une commission d'enquête.

Le tour de M. de Sonis arriva le 10 août.

La commission siégeait au palais de Versailles.
Elle était présidée ce jour-là par M. le comte Daru.
Rarement on vit un spectacle plus imposant.

Lorsque le général de Sonis arriva, ceux qui devaient être ses juges descendirent pour le recevoir.

Le comte Daru lui offrit le bras pour monter le grand escalier, et la séance commença.

Sonis n'avait pris aucune note.

Durant une heure, il parla simplement, modestement, véridiquement. C'était un rapport exact, éloquent parfois, mais qui n'accusait personne.

Il parla surtout de lui avec une modestie qui n'étonna, du reste, que ceux qui ne le connaissaient pas.

Arrivé à l'héroïque charge de Loigny, Sonis fut sobre de détails sur sa propre gloire :

« J'avais trois cents hommes avec moi, dit-il; cent quatre-vingt-dix-huit tombèrent. Grâce au ciel ! tous mes canons ont été sauvés et moi je restai sur le champ de bataille. Voilà mon histoire ! »

Puis Sonis fit l'éloge des zouaves pontificaux, de son artillerie, de l'amiral Jauréguiberry et de ses marins, du dévoué docteur Baumetz.

Lorsqu'il eut achevé, le général d'Aurelles prit la parole pour louer celui qui n'avait pas voulu se louer lui-même. Sonis remercia et n'ajouta qu'un mot. Ce mot était une justification qu'il crut de sa dignité d'exposer.

Pendant la campagne, le délégué à la guerre, M. de

Ceux qui devaient être ses juges descendirent pour le recevoir.
(Page 199.)

Freycinet, envoyait des dépêches qui appréciaient les faits accomplis sur des rapports parfois un peu vagues.

En parlant de la journée de Loigny, M. de Freycinet avait eu l'air de reprocher à M. de Sonis de s'être mis en avant avec un certain manque de prudence. Le 17° corps ayant été mis en désarroi par la perte de son général, tout en faisant l'éloge de la bravoure de Sonis, le délégué à la guerre parlait d'un élan d'*impétuosité* qui atténuait cet éloge.

Le général releva le mot.

« Je me suis vu représenté dans cette dépêche, dit-il, comme un écervelé, comme une espèce de sous-lieutenant auquel on accordait de la bravoure, mais qui avait manqué à son devoir. Je sais, messieurs, ce que peut faire un sous-lieutenant et ce que doit faire un général. J'étais là, en avant, parce qu'il fallait mourir pour éviter un plus grand désastre. Je suis tombé; mais je n'ai pas perdu un seul canon et j'ai sauvé l'honneur. »

Dans un livre, publié après l'armistice, et qui avait pour titre : *La guerre en province pendant le siège de Paris*, M. de Freycinet maintenait les mêmes appréciations et, ce qu'il y avait de plus étrange, c'est qu'il invoquait à l'appui de son accusation le témoignage d'un témoin oculaire : le colonel Thibouville. Or, le colonel Thibouville commandait à Loigny le 51e de marche que M. de Sonis a si publiquement flétri.

Le général de Sonis ayant lu ce livre, écrivit une rectification ferme et polie à son auteur. Il rendait hommage aux efforts faits par M. de Freycinet pour améliorer la situation des troupes ; mais il rétablissait les faits et ne pouvait s'empêcher de dire hautement qu'il ne partageait pas les bienveillantes illusions de M. de Freycinet sur la valeur des troupes de l'armée de la Loire.

M. de Sonis était qualifié pour porter sur cette question un jugement sévère, mais juste.

Lui, qui avait si souvent conduit à la victoire ses beaux régiments d'Afrique, n'avait pas oublié les pauvres mobiles mal équipés, nullement exercés et le corps d'armée disséminé un peu partout, que son savoir-faire de général improvisé avait eu tant de peine à rassembler.

C'est ce souvenir qui lui faisait écrire simplement à M. de Freycinet :

« Je suis convaincu, contrairement à votre opinion, monsieur, que la France n'a pas été digne d'elle-même. Le ministre, dont vous étiez le délégué, a justement flétri des capitulations honteuses. Pour être juste, vous ne devez pas moins flétrir des troupes qui ont mis bas les armes par dizaines de mille. Jamais elles ne pourront se justifier devant la postérité.

» Et maintenant, plaise à Dieu que nous sachions être modestes, et qu'en nous débarrassant de cette vanité nationale qui fut une des principales causes de nos malheurs, nous remportions sur nous-mêmes la seule victoire qui puisse nous en préparer d'autres dans l'avenir. »

M. de Freycinet fut-il convaincu ? Vingt années passées là-dessus, pendant lesquelles il fut plus d'une fois écarté, puis ramené au pouvoir, donneraient quelques motifs de douter. Mais il était homme d'esprit. Sa réponse au général est un chef-d'œuvre de cette urbanité française, qui s'inquiète assez peu d'aller au fond des choses, mais sait toujours témoigner au vrai mérite de la bienveillance à fleur de peau, sous la forme d'une flatterie délicate et qui n'engage à rien.

Il ne corrigea pas la nouvelle édition de son ouvrage, mais il écrivit à M. de Sonis :

« Il me reste à vous remercier, monsieur, des appréciations bienveillantes que vous portez sur mes efforts. Mais je crains que vous n'ayez réservé toute votre indulgence pour moi, et que vous n'en ayez pas assez pour ce peuple surpris et affolé qui, au fond et malgré des lacunes indéniables, a montré cependant une vraie abnégation. Ayant témoigné vous-même un dévouement chevaleresque, peut-être rapportez-vous celui des autres à cette mesure exceptionnelle et êtes-vous ainsi amené à trouver qu'autour de vous on n'a pas fait assez. Mais nous ne pouvons demander à l'humanité de ne produire que des Sonis. »

C'est que Sonis était un militaire d'épée. Ains qu'il le disait souvent, il voulait vivre et mourir dans la peau d'un soldat.

Cette phrase n'était pas un vain mot. En le voyant si infirme et, en même temps, si dénué de ressources, des amis offrirent à Sonis de lui obtenir un poste de trésorier-général. C'eût été la fortune pour lui et sa famille. Il refusa noblement.

« Je ne puis m'empêcher de rire, écrit-il à un ami, à l'idée de me voir en face d'un coffre-fort, maniant ces pièces d'or avec lesquelles j'ai été brouillé toute ma vie et qui ne pouvaient manquer de me jouer quelque vilain tour. J'ai donc renvoyé bien loin les braves gens qui voulaient faire de moi un financier. »

A la fin d'octobre 1871, M. Thiers trancha, à la satisfaction de M. de Sonis, ce nœud gordien des difficultés matérielles qui étaient toujours pour le général un cuisant souci. Il avait eu douze enfants ; il lui en restait dix. Cette nombreuse famille avait besoin de la solde du père. Malgré son amputation, M. de Sonis, au prix de fatigues et de souffrances que Dieu seul a connues, se tenait fort bien à cheval. Il pouvait figurer comme autrefois à la tête de ses régiments. Il fut nommé commandant de la 16e division militaire.

Cette division avait alors à Rennes son quartier général.

L'HOMME ET LE SOLDAT

ENDANT la guerre de 1870, la période brillante de la vie du général de Sonis a atteint son apogée.

Nous l'avons vu monter successivement en grade, en gloire, de succès en succès. Avant de le suivre dans les quinze dernières années de sa vie, années de paix et d'infirmité physique pendant lesquelles il se montra plus grand, plus admirable peut-être que sur le champ de bataille, nous aimerions à faire halte un instant pour pénétrer plus intimement dans la vie du héros chrétien. Nous avons admiré ses actes. Surprenons un peu ses sentiments, ses pensées, ses impressions, les motifs qui le faisaient agir ; en un mot, remontons à la source de cette vie si belle, si une, si chrétienne, que le monde admire le plus souvent à l'aveugle sans savoir assez où des vertus si hautes se puisent, croissent, se fortifient et se soutiennent.

Il y avait chez le général de Sonis des vertus acquises, mais pour être juste, il faut avouer qu'il avait reçu de grands dons.

C'était une heureuse et belle nature qui allait directement au but. La vérité, le devoir, le droit ; tels étaient les immuables points d'appui de ce caractère tout d'une pièce qui ne savait pas plus transiger avec l'honneur qu'avec la conscience et avait appris à unir l'inébranlabilité des principes à toutes les tendresses d'un cœur susceptible de beaucoup d'affection.

« J'ai vu le général de Sonis, c'est l'honneur », disait en parlant de lui le général Schmitz. Oui, c'était l'honneur, en effet, mais ce n'était pas seulement cela. Par le caractère, c'était la fermeté, la rectitude, la justice ; par le cœur, qui valait mille fois plus encore, c'était la générosité, le dévouement, le sacrifice, dans la plus pure et la plus noble acception du mot.

Il ne connaissait ni les défaillances, ni les défections, ni les lâches flatteries, ni l'abaissement servile devant le pouvoir. Personne n'était plus soumis que lui à l'autorité légitime et, en même temps, personne ne pouvait se flatter d'une plus grande indépendance d'idées, d'opinions et d'action lorsqu'il avait à sauvegarder la dignité de l'homme et du soldat.

Il eut, pendant sa carrière, plus d'une occasion de faire ses preuves.

Vers le milieu de ce siècle qui a déjà vu tant de révolutions, les sociétés secrètes si répandues aujourd'hui commençaient à s'étendre. Les hautes écoles n'étaient pas exemptes de la contagion. Une jeunesse irréligieuse, sceptique ou indifférente se groupait volontiers dans les réunions mystérieuses de la franc-maçonnerie, sous le couvert d'œuvres philanthropiques et de désir de rénovation sociale.

L'école de cavalerie de Saumur où Gaston de Sonis était entré à vingt ans, n'avait pas échappé à ce péril des associations d'étudiants affiliées à la secte.

Sans soupçonner le danger, le jeune homme avait

consenti à entrer dans une association de ce genre. Les condamnations dont l'Église frappe les sociétés secrètes lui étaient alors inconnues. Il n'avait du reste jamais assisté à aucune réunion, lorsqu'un jour, à Castres, peu de temps avant son mariage, son colonel le pria de remplacer pour le service du soir un officier convié à un souper maçonnique.

— Volontiers, répond Sonis. Mais je m'étonne, mon colonel, de n'avoir pas été invité.

— Eh ! seriez-vous franc-maçon ? mon cher, demanda le colonel en riant.

Sonis, qui croyait encore tout simplement qu'il s'agissait d'une espèce de société de secours mutuels, qui n'exigeait de ses membres qu'une cotisation annuelle, répliqua sans aucun embarras :

— Mais certainement ! Quel mal y a-t-il à cela ?

Très étonné, le colonel comprit que l'ignorance de son interlocuteur égalait sa bonne foi.

— Eh bien ! allez-y voir.

Très intrigué, Gaston y alla.

Il y eut, suivant la coutume dans ces sortes de banquets, force toasts et discours. Le jeune officier écoutait, observait et ne disait mot. Peu à peu, les langues se délièrent et les cœurs s'ouvrirent. On s'en prit au catholicisme, à ses mystères, à ses prêtres et l'on déchira ouvertement le voile qui cachait le but de la secte. Gaston de Sonis n'y tint pas. Il se lève, jette sa serviette et sort en disant hautement :

— Ah ça ! Messieurs, c'est donc un piège... On m'avait dit que la religion serait respectée et on l'insulte. Vous n'avez pas tenu vos promesses. Je suis délié des miennes. Vous ne me verrez plus. Bonsoir.

Et il le fit comme il l'avait dit.

Ce qui n'empêcha pas vingt-deux ans plus tard les journaux radicaux et protestants du Midi de combattre la candidature du général de Sonis à la députation, en alléguant qu'il était franc-maçon.

M. de Sonis n'affichait pas avec moins de crânerie ses opinions politiques que ses convictions religieuses.

Par principes, par traditions, par sympathies, Sonis était royaliste. Il servit l'Empire fidèlement, loyalement, sans jamais renier les princes exilés qui eussent été ceux de son choix.

En 1852, Sonis était en garnison à Limoges. Il servait la France alors en République depuis la Révolution de Février 1848.

Le prince Louis-Napoléon fit alors son coup d'Etat.

Après avoir fait saisir et enfermer tous les députés de l'Assemblée nationale, il créa à son profit un nouvel empire français et fit ratifier par le suffrage universel son audacieuse entreprise.

Il crut, et le succès confirma ses prétentions, que son nom serait un palladium capable de protéger cet attentat à la liberté, l'idole du peuple français. Le souvenir de Napoléon Ier et des gloires du premier Empire lui obtint en effet une éclatante majorité de suffrages. L'armée surtout vota avec ensemble le *oui* qui consacrait le nouveau régime.

Le lieutenant de Sonis avait d'autres idées. Il prévint son colonel que son vote serait *non*.

Celui-ci, qui aimait et estimait le jeune sous-lieutenant, ne put s'empêcher de penser que c'était là une maladresse. Comment attendre de l'avancement d'un maître qu'on accueille si mal ? Il en fit l'observation à l'officier qui, non seulement persista dans son vote mais, à la première revue passée par le nouveau souverain, refusa à son général de division de crier : Vive l'empereur !

— Vous n'êtes pas de votre temps, lieutenant, avait conclu le colonel.

Sonis, en effet, n'était pas de son temps. Il n'avait

jamais pensé que l'intérêt personnel pût avoir quelque influence sur la conduite de la vie.

Plus tard, lorsque Napoléon III fit en Algérie sa célèbre visite, il remarqua le jeune et brillant capitaine, si au courant des choses d'Afrique, et il aurait aimé l'attacher à sa maison militaire. Sonis, pressenti à ce sujet par son chef hiérarchique, refusa. Il n'était pas né courtisan et n'avait rien de ce qu'il fallait pour le devenir. On aime à rapprocher cette fidélité inébranlable à la maison de Bourbon de la protestation qu'il fait d'Aumale après la reddition de Metz, alors que Napoléon III vaincu, prisonnier, humilié, était renié presque par tous ceux qui l'avaient acclamé et s'étaient montrés dévoués fonctionnaires jusqu'au malheur... exclusivement.

« Je n'aurais jamais cru, écrit Sonis, que moi, qui n'ai jamais franchi la grille des Tuileries, je me trouverais être un jour bonapartiste. Je le suis en effet devenu depuis que l'empereur est insulté par la canaille et qu'il est malheureux. »

Cette noble indépendance vis-à-vis du pouvoir prenait sa source dans un désintéressement parfait. C'est par là surtout que M. de Sonis gagna en Afrique le cœur des Arabes soumis à son administration. Le

gentilhomme du désert, le brave Lakdar-ben-Moham-
med lui a rendu témoignage dans une lettre élogieuse
où l'emphase du style n'exagère pas la véracité du
récit :

« Le général de Sonis, dit-il, était un homme juste
dans ses actions, ses paroles et son commandement. Il
fut placé par Dieu dans notre terre comme à l'huis
de son royaume pour mettre en lumière ce qui était
dans le chaos des ténèbres. »

Habitués à payer la conscience de leurs juges et de
leurs fonctionnaires, les Arabes ne revenaient pas de
l'équité et de la droiture de Sonis.

Ils l'appelaient le « grand marabout français », ce
qui, dans leur langue, signifie le saint et le juste, et ils
voyaient chaque jour davantage combien le qualifi-
catif était mérité.

A Tenez, à Laghouat, à Aumale, la réputation du
commandant était faite.

Un jour, peu après l'arrivée de M. de Sonis à
Saïda, un riche Arabe, qui ignorait ce que peut être
un fonctionnaire incorruptible, vint le trouver en
solliciteur.

Il s'agissait pour lui d'obtenir une charge dont le
commandant avait la libre disposition.

Ah ça! Messieurs, c'est donc un piège... (Page 213.)

L'Arabe fut éloquent et, comme dernier et irrésistible argument, il souleva un pan de son burnous en laissant voir un sac gonflé de pièces de cinq francs.

A cette injure, Sonis bondit de son siège. Et pour prouver au malhonnête solliciteur que sa conscience n'était pas à vendre, il le fit empoigner et enfermer pendant quinze jours pour insulte à l'autorité.

Le fait connu parmi les tribus y fit une grande impression.

Aussi les indigènes venaient à lui en toute confiance.

Sonis prenait hardiment parti pour eux contre les Européens lorsque ceux-ci étaient dans leur tort.

C'est ainsi qu'un jeune officier étranger d'une riche et noble famille, qui avait pris du service dans l'armée française, voulut un jour se payer le plaisir royal d'une chasse à l'autruche.

Il réquisitionna pour cette partie un certain nombre de cavaliers arabes et comme, en poursuivant les oiseaux géants, plusieurs chevaux périrent, l'officier décréta, sans autre forme de procès, que les Arabes dont les montures avaient été épargnées se cotiseraient pour en fournir d'autres à leurs compagnons moins heureux.

Cette contribution était inique. Les Arabes ne se firent pas faute de venir se plaindre au commandant.

Celui-ci fit venir aussitôt le capitaine accusé.

— Ou bien, lui dit-il, vous ferez un rapport officiel et véridique sur votre manière d'agir, rapport que je présenterai moi-même au général, ou bien vous paierez aux Arabes réquisitionnés pour votre chasse le prix des chevaux abattus.

Le capitaine aima mieux payer de son argent que de son honneur; mais il ne recommença plus.

Lakdar racontait aussi qu'à Metlili, le commandant avait trouvé et capturé, dans la maison d'un chef ennemi, dix mille douros espagnols, environ cinquante mille francs. Le jeune Arabe s'enquit de ce qu'il allait faire de cette somme.

— Mais, c'est tout simple, répondit Sonis, je la verserai au Trésor.

Lakdar ne trouva pas la chose si simple; il était habitué à voir les vainqueurs s'attribuer leur part de prise.

— Mais, objecta-t-il, la France est si riche! Elle dépense dix mille francs par jour pour l'entretien de la colonne; elle n'a que faire de votre butin...

D'un coup d'œil sévère, Sonis interrompit le discoureur.

— Jamais ! dit-il.

Et il ajouta dédaigneusement :

— Après tout, qu'est-ce que cela ? L'emporterai-je au tombeau ?

On comprend qu'un tel caractère n'ait subi aucune des influences étrangères ou secondaires qui font mouvoir trop souvent les ficelles dans la distribution des grades, des places, et dans les chances d'avancement.

Dans les commissions de classement, le général donnait sa voix en toute conscience. Il se fût reproché comme un crime de faire passer un *recommandé* sur le dos d'un plus méritant.

Un jour, à Paris, il reçut la visite d'un colonel qui insistait pour avoir sa voix. Le pauvre homme désirait vivement passer général, afin de pouvoir, disait-il, établir plus convenablement ses enfants. L'argument parut un comble à M. de Sonis, qui en restait muet de surprise. Après le départ du solliciteur, il répétait sans se lasser à son officier d'ordonnance : « Marier ses filles ! Marier ses filles ! En voilà une raison pour passer général !... Marier ses filles ! »

Tel était l'homme. D'un caractère inflexible lorsque les principes étaient en jeu. Mais, ce qui empêchait cette inflexibilité de dégénérer en raideur et en dureté, c'est que cette nature si fortement trempée possédait un parfait équilibre. Chez le général de Sonis, la volonté était de fer, mais le cœur était d'or. On peut lui appliquer ce que l'on disait du P. Lacordaire : « Fort comme le diamant, plus tendre qu'une mère. » Gaston de Sonis a beaucoup vécu par le cœur. Il s'est épanché en affections et en tendresses pour ses parents, ses amis, ses soldats, ses subordonnés, pour tous ceux, en un mot, qui entraient en contact avec lui. Ce n'était pas de l'amour humain dans le sens étroit et exclusif de ce mot. C'était plus et mieux que cela. C'était de la charité ; cette charité divine qui éprouve le besoin de se communiquer, de se répandre sur les pauvres, les souffrants, les malheureux, les opprimés, les coupables ; cette charité qui aime à consoler, à soulager, à soulever le fardeau du prochain pour le rendre plus léger.

Sa fille aînée a conservé de la bonté proverbiale de son père un souvenir qui s'était gravé profondément dans sa mémoire d'enfant.

Un jour, à Orléansville, elle jouait dans le vestibule du pavillon des officiers, lorsqu'un pauvre soldat entre en sanglotant et se jette aux pieds de son père :

— Ah! mon capitaine! murmurait-il à travers ses larmes. Ma mère! ma pauvre mère est morte!

Sonis va à lui, le prend dans ses bras, le conduit dans son bureau, et là, écoutant le récit du pauvre affligé, fait entrer dans son âme les pensées consolantes du chrétien qui ne pleure jamais sans espérance.

Toute âme souffrante avait ainsi des droits à sa compassion et à sa sympathie.

Aussi, les soldats d'Afrique l'adoraient. Pour eux, il était un père. Et cette bonté, qui ne dégénérait jamais en faiblesse, attirait à lui tous les cœurs. En lui, ils aimaient l'homme et ils admiraient le soldat; car Sonis était soldat dans l'âme. Il aimait son métier avec une certaine passion, et il faisait passer dans le cœur de ses compagnons d'armes un peu de l'enthousiasme pour la vie militaire qu'il garda jusqu'à la fin de sa vie.

Cet amour du métier avait chez le général de Sonis de profondes racines. Il se trahit même dans les heures les plus critiques et les moins faites pour l'exaltation.

Couché sur le champ de bataille de Loigny, blessé, perdant tout son sang et ne voyant devant lui que la mort à bref délai, Sonis n'a que deux sentiments : le souci de son âme, de l'éternité, des affections qu'il laisse derrière lui et qu'il sacrifie généreusement à Dieu qui les lui demande, et... une certaine admiration pour la belle tenue des troupes prussiennes qui vont lui passer sur le corps et l'écraser sous les pieds des chevaux.

« J'avoue que, même en ce moment, dit-il plus tard dans une lettre à sa femme, je ne pus m'empêcher d'admirer la discipline de ces troupes. »

C'est que, du métier des armes, Sonis connaissait tous les secrets. Il avait étudié à fond la théorie des différentes armes. Général de division, appelé à ce titre à commander à toutes, il avait voulu approfondir la tactique particulière à chacune. Il exigeait du soldat un travail assidu, mais il lui donnait l'exemple. Ancien officier de cavalerie, il ne dédaignait pas d'étudier comme un jeune caporal son école du soldat, afin de pouvoir passer en toute connaissance de cause ses inspections générales. Parfois même, avec une simplicité parfaite, il récitait d'avance à son officier d'ordonnance la leçon qu'il devait demander à d'autres sur le terrain des manœuvres.

Aussi personne ne savait son affaire comme lui ; et,

« Nous sommes perdus, C'est la *Jambe-de-Bois*. A l'ordre! à
cheval! au galop! ». (Page 227.)

tout en aimant son commandement, on le redoutait un peu. Le moindre manquement à la discipline, à l'ordre, à la tenue, le trouvait inexorable.

Un jour, à Rennes, un peloton de tirailleurs était entré dans une auberge à une heure inopportune et en dépit des règlements.

Tout à coup, le galop d'un cheval retentit sur la route. Un peu inquiets, les délinquants interrogent l'horizon et reconnaissent M. de Sonis. Aussitôt un cri retentit : « Nous sommes perdus. C'est la *Jambe-de-Bois*. A l'ordre! à cheval! au galop! »

En un clin d'œil, tout le monde fut en selle. On savait trop bien que la *Jambe-de-Bois* n'aurait pas plaisanté.

Tel était Sonis dans sa vie publique : l'homme du devoir avant tout.

Il nous reste à l'admirer dans sa vie privée et à voir ce qu'était le père, le frère, l'ami et surtout le chrétien.

XIII

LE PÈRE

JE ne vaux pas grand'chose, mais je ne puis calomnier le cœur que Dieu m'a donné et qu'il a fait très tendrement dévoué à ceux que j'aime », écrivait un jour M. de Sonis à madame de Sèze, la femme d'un de ses meilleurs amis d'enfance.

C'était vrai. Le cœur de Sonis était pétri de dévouement. Et sur qui ce dévouement pouvait-il plus légitimement s'exercer, sinon sur cette belle et nombreuse

famille que Dieu avait confiée à son inquiète sollicitude ?

M. de Sonis eut douze enfants. Deux petites filles
moururent en bas âge et firent au cœur du père ce dé-
chirement profond d'une blessure que le temps cica-
trise quelque peu, tout en laissant le fer dans la plaie.

L'une d'elles, la petite Thérèse, était morte à Castres, chez ses grands-parents. L'autre, Marthe-Carmel,
« la perle de la famille », comme le père désolé l'appelait, était morte à Saïda à l'âge de trois ans, enlevée
rapidement par une angine couenneuse. La douleur
du père, douleur résignée comme toujours, fut des
plus vives. Il en parlait ainsi à son ami M. de Sèze :

« Je ne soulèverai pas avec toi la pierre glacée qui
recouvre le corps de notre enfant. J'ai raconté cette
lugubre histoire à ma sœur et je lui ai envoyé autant
de larmes que d'encre. »

Plus tard, séparé de sa femme et de ses enfants,
Sonis, de retour à Saïda, parle de nouveau, avec des
larmes dans l'accent, de la chère petite absente :

« Le souvenir de ma pauvre petite Marthe ne me
quitte pas. Toutes les pierres de cette grande maison
dans laquelle je me trouverai solitaire, toutes les
fleurs de ce jardin dans lequel je la vois encore courir

vont me crier son nom. Pauvre petite Marthe ! Elle est pourtant au ciel ; mais la foi qui élève mon âme en haut ne peut encore détourner mes yeux de cette terre qui recouvre son pauvre petit corps. Que la vie est donc pleine de courtes joies et de longues douleurs ! »

Et ces larmes, ces sanglots donnés à ses enfants morts ne sont rien en comparaison des angoisses, des inquiétudes, des soucis provoqués par ceux qui lui restent. M. de Sonis avait de la paternité chrétienne une haute et sublime conception. Il aimait ses fils, ses filles, avec toute la chaleur d'un cœur tendre et affectueux ; mais il aimait surtout leur âme et, lorsqu'il parle de sa sollicitude pour ces âmes immortelles dont il se sent le gardien et le dépositaire, on surprend sous sa plume des pages que l'on croirait empruntées à l'histoire d'un apôtre et d'un saint.

« On pleure sur la séparation des corps, disait-il parfois ; mais, après dix-huit siècles de christianisme, on ne pense pas plus aux âmes que du temps des Scipion. »

Lui, Sonis, y pensait toujours, et l'avenir éternel de sa famille le préoccupait mille fois plus encore que son avenir terrestre.

« Je suis pilote de mon métier, écrivait-il confidemment à sa sœur, pilote d'une chère barque que tu connais et qui vaut mieux que son patron... Je pense beaucoup à mes chers garçons, je les vois grandir avec bonheur, car il me tarde qu'ils aient atteint l'âge d'homme. Par mon état, je suis plus que tout autre dans la main de Dieu et ces pauvres enfants peuvent d'un jour à l'autre perdre le guide des années difficiles de leur vie. Cette pensée me rendrait souvent triste si Dieu, en faisant tout pour moi, n'avait voulu m'assurer qu'il ne m'abandonnerait pas dans les miens. Je les vois donc croître avec espoir et je goûte d'avance la douce joie de les voir embarqués dans la vie, voguant à pleines voiles vers le terme, le grand et l'unique terme : Jésus-Christ ! »

Pour aimer excellemment, avait dit un jour M. de Sonis, il faut aimer divinement. C'est ainsi qu'il aimait ses enfants, se préoccupant dans une juste mesure de leur éducation, de leurs études, de leurs petits succès, de la tenue extérieure en rapport avec leur situation dans le monde ; mais subordonnant tout cela aux biens par excellence : le service de Dieu, sa loi, la nécessité de tout sacrifier s'il le fallait à cet unique nécessaire.

C'est dans ce but qu'il proposait à son ami, M. Louis de Sèze, d'unir leurs prières et leurs intentions pour « ces êtres chéris du foyer, si dignes de tenir, après Dieu, la plus grande place dans notre cœur. »

« Toutes mes pensées sont concentrées sur l'avenir de mes enfants, lui disait-il, je ne sais ce qu'ils deviendront. Je crois fermement que Dieu leur donnera du pain, car je n'en ai pas à leur donner. Mais je ne me suis préoccupé que de les voir fidèles à Dieu et aux traditions que je leur laisserai. J'aimerais mieux les savoir misérables et même les voir mourir de misère que de les savoir non pas impies, mais seulement indifférents. Et pourtant, Dieu sait si je les aime ! Mais qu'est-ce que la vie comparée à l'éternité ? Si tu le veux bien, mon ami, j'unirai tes enfants aux miens dans mes prières pour ces derniers ; ils formeront ainsi une seule famille spirituelle. Convenons que nous ferons notre communion du premier vendredi de chaque mois à l'intention de tous ces chers enfants et *à cette seule intention qu'ils deviennent de fervents chrétiens.* »

Voilà comment à notre époque... *fin de siècle,* un homme de foi, de cœur et d'esprit, général de division dans l'armée française, entendait et pratiquait le devoir paternel. Ces lettres ne demanderaient-elles pas d'être lues, relues et méditées par tous les pères de famille?

Celles qu'il écrivait à ses enfants eux-mêmes n'étaient pas moins admirables.

Séparé des trois aînés, alors en pension à Poitiers, Sonis les suivait de loin et leur envoyait d'Afrique des exhortations et des conseils qui font entrer dans l'intime de ces rapports d'âme à âme entre le père et les enfants.

Gaston, l'aîné, n'avait encore que dix ans lorsque M. de Sonis le croyait capable de comprendre et de goûter un langage tel que celui-ci :

« Ai-je besoin de vous dire, mon cher Gaston, que je pense continuellement à vous trois ? Votre souvenir ne me quitte pas ; le matin et le soir surtout, quand je me mets à genoux devant Dieu, je ne puis me relever tant j'ai à lui causer de vous. Quand je dis vous, mon cher enfant, je parle aussi de Marie et de notre petit Henri.

» Quel bonheur pour moi, mon bien-aimé Gaston, si les Pères de Poitiers pouvaient m'annoncer que vous êtes l'enfant le plus pieux de votre classe. Il est d'ailleurs si facile et si doux d'aimer Dieu ! Vous n'avez qu'à bien retenir et graver dans votre cœur ce que l'on vous dira de l'histoire de Notre-Seigneur Jésus-Christ, et, en particulier, de ses souffrances pour nous.

» Prenez dès maintenant l'habitude de prier sérieusement, du fond de votre cœur et non des lèvres seulement. Il ne faut pas se moquer de Dieu, cela porte malheur.

» Vous m'avez promis de faire chaque soir une prière à mon intention avant de vous coucher, au pied du crucifix que vous a donné votre tante. Eh bien, je veux que votre prière pour moi soit celle-ci : Mon Dieu ! Faites que mon père vous aime chaque jour davantage. Ces quelques mots en diront beaucoup au cœur de Jésus-Christ.

» Pour vous, mon enfant, vous demanderez à la sainte Vierge de conserver toujours l'innocence de votre baptême. Obtenez de son cœur de mère la grâce de la pureté. La pureté, c'est la clef du ciel ! Bienheureux les cœurs purs, parce qu'ils verront Dieu !

» Veillez bien, je vous prie, sur mon petit Henri. Vous êtes son aîné et comme son petit père. Donnez-lui de bons conseils; soyez son protecteur, et faites en sorte qu'il ne fréquente que des enfants sages et chrétiens.

» Adieu, mon bien cher Gaston. Je vous bénis et vous embrasse du fond de mon cœur, et je vous mets tous, vous, Henri et Marie, dans le divin Cœur de Jésus. »

M. de Sonis ne pouvait-il pas, après cela, dire avec vérité : « Je m'efforce d'inspirer mes sentiments à mes enfants, et j'espère qu'ils seront fidèles à tout ce que j'ai aimé et servi ! »

Et ses enfants? Pouvaient-ils ne pas répondre à ces élans de foi d'un père comme notre siècle en connaît trop peu?

En 1867, il y eut parmi la jeunesse chrétienne un noble et saint enthousiasme pour la cause des Etats de l'Eglise menacés. La fleur de la noblesse française s'enrôlait dans l'armée de Pie IX, sous la bannière des zouaves.

Le second fils de M. de Sonis avait alors quinze ans. Le sang militaire et chrétien du commandant de Laghouat bouillonnait dans ses veines. Il n'était encore qu'élève de seconde au collège des Jésuites de Poitiers, et il écrivit à son père pour lui demander l'autorisation de se faire soldat du pape.

A cause de sa jeunesse, le brave petit volontaire ne fut pas accepté ; mais sa démarche ne fut pas inutile, puisqu'elle provoqua cette réponse bien digne de passer à la postérité :

« Mon bien cher enfant, vous m'avez envoyé pour étrennes tout ce que je pouvais désirer : une lettre qui a fait couler de douces larmes et qui témoigne que votre cœur bat à l'unisson du mien. Aussi, ce matin, ai-je remercié le Dieu si bon qui m'a réservé dans votre jeune cœur un trésor que je n'avais pas découvert.

» C'était donc à tort que je me plaignais à Dieu, dans la prière, qu'il ne s'était pas encore révélé à vous. Je vous voyais grandir et je cherchais en vain dans vos âmes ce feu que la religion nourrit heureusement depuis longtemps dans mon cœur. Si vos lettres témoignaient de vos progrès, elles ne me disaient encore rien de ce que j'y cherchais avec tant d'avidité. Vous ne m'aviez pas encore dit que vous aimiez Dieu avec passion ; que tout ce qui est noble, beau, pouvait faire tressaillir votre jeune âme et l'élever à de grandes hauteurs. Votre chère lettre, que j'ai bien souvent relue, me dit, mon Henri, que vous avez entendu la voix de Dieu. Qu'il en soit mille fois béni !

» Oui, mon fils, je vous permets de partir pour Rome, d'aller grossir ce bataillon sacré, refuge de la vertu, abri de ce vieil honneur français aujourd'hui rajeuni dans des poitrines d'enfants.

» Vous n'avez pas quinze ans; mais il n'y a point d'âge pour celui qui n'a pas à compter avec le temps. Et puis vos quinze ans feront bien dans les rangs de ces intrépides jeunes gens. Je vous crois assez fort pour manier un fusil; et, ne le pourriez-vous pas, que Dieu vous viendra en aide. Mon père faisait la guerre à quatorze ans, et je vous crois digne de lui...

» Mon enfant, vous allez servir la plus grande cause qui soit ici-bas, puisque c'est celle du Vicaire de Jésus-Christ. Préparez-vous à tant d'honneur. Qu'à partir de ce moment le vieil enfant disparaisse pour se revêtir de l'homme nouveau; renaissez à la vie de la grâce; soyez saint pour monter à la hauteur de la cause que vous allez servir.

» Adieu, mon enfant. Votre mère est de moitié dans tout ce que je vous dis. Elle se joint à moi pour vous embrasser et vous bénir. »

Les lettres de M. de Sonis à ses enfants ne contiennent pas seulement ces exhortations et ces élans

de foi destinés à produire un généreux entraînement.
Il n'oubliait pas un des plus essentiels de ses devoirs
de père de famille; celui que notre époque, impa-
tiente de frein, de joug et d'autorité, semble avoir mis
au rang des choses de rebut et des antiquités sans valeur : la correction des défauts et le redressement des
idées fausses que la couche de limon déposée au fond
des âmes d'enfants aide si vite à éclore et à croître.

De nos jours, on rencontre souvent le père et la
mère dévoués, aimants, généreux jusqu'au sacrifice
d'eux-mêmes. On voit des parents qui travaillent
avec ardeur, avec passion quelquefois, afin d'établir
un jour leurs enfants d'une manière plus honorable
selon le monde. Ils font tout pour éviter à ces êtres
chéris les difficultés et les déboires qui se rencontrent
dans la *lutte pour la vie*, lutte que les conditions de la
vie sociale moderne rendent chaque jour plus pénible
et plus aléatoire. On a coudoyé cent fois des parents
qui croient aimer leurs enfants plus que tout, qui les
choient, les caressent, les soignent, les nourrissent,
les habillent, les instruisent, les amusent; mais le
père, la mère qui les reprennent, les corrigent, en un
mot, les élèvent, où faudra-t-il les chercher?

Cette lacune, c'est le mal du siècle; mal si évident

qu'il a fourni la matière et le sujet d'un livre (1).

Ce livre, M. de Sonis n'aurait pas eu à le lire. Il savait corriger, reprendre, non seulement les fautes extérieures et fréquentes échappées à l'étourderie, à la légèreté, à la mobilité d'esprit de la jeunesse, mais encore les tendances contraires aux vertus de modestie, d'humilité, fondement d'une sérieuse vie chrétienne.

Bien éloigné de la faiblesse de tant de parents qui, non contents de ne pas élever leurs enfants, ne souffrent pas même que des maîtres plus sensés et moins épris qu'eux les élèvent, M. de Sonis stimulait ainsi le zèle des maîtres choisis auxquels il avait confié ses fils.

L'un ou l'autre de ces jeunes gens, qui pouvaient être légitimement fiers du nom glorieux de leur père, avait, paraît-il, exprimé cette fierté un peu trop vivement, ce qui donna lieu à cet avertissement :

« En vérité, monsieur, écrivit le père alarmé à un respectable ecclésiastique, je ne m'explique pas cet orgueil, et je me demande sur quoi peut reposer l'erreur de ce pauvre enfant. Je ne possède aucune

____

(1) *Les enfants mal élevés*, études psychologiques, anecdotiques et pratiques, par Fernand Nicolay, avocat à la Cour de Paris.

fortune; et cela est si vrai que, si je venais à mourir, mes enfants seraient obligés de gagner leur pain à la sueur de leur front. Mes aïeux ont pu être quelque chose autrefois, mais il y a bien longtemps de cela; et tant de familles ont le droit de s'honorer d'avoir bien servi Dieu et le roi, que la mienne ne peut que se confondre dans cette foule, sans prétendre à la moindre distinction. J'ai quelques parents qui appartiennent à la vieille noblesse et ont de la fortune; mais il en est plusieurs autres qui ne sont pas dans ce cas. Je ne vois donc rien qui puisse justifier pour les miens un sentiment pareil.

» Outre que l'orgueil est toujours une chose détestable, encore faut-il qu'il repose sur quelque chose, sous peine d'ajouter le ridicule à la laideur... Je vous prie donc, cher monsieur, de répéter à mon fils, qui est chrétien, que l'humilité est une vertu chrétienne, une vertu sans laquelle il n'y en a point d'autres. Dites-lui aussi que, même au simple point de vue humain, elle est de bon goût chez les gens bien élevés. C'est ainsi que le monde reconnaît les gens comme il faut à leur modestie. Le catéchisme ne m'aurait pas dit que l'orgueil est la racine de tous les vices que l'expérience de la vie me l'aurait déjà indiqué. Il faut donc guérir mon enfant de cette affreuse maladie, et je compte sur votre zèle pour travailler à la guérison de cette lèpre, sur laquelle il faut appliquer la douce vertu d'humilité, pour qu'elle la recouvre tout entière. Je suis tellement préoccupé des intérêts de l'âme de mon fils que je la voudrais voir noyée dans les sentiments du plus profond de son indignité, certain que je suis qu'il n'y a de salut pour elle que dans l'abîme de l'humilité. Et si je pouvais la sauver par mes propres efforts, il me semble que rien ne serait assez bas pour moi; et, ne pouvant descendre davantage, je me coucherais volontiers sous les pieds de mon enfant. »

Ces lignes peuvent se passer de commentaires. Voilà ce qu'était le père en M. de Sonis. Examinons un peu maintenant quel était le frère et l'ami.

XIV

LE FRÈRE ET L'AMI

L'AMOUR si vif que M. de Sonis portait à ses enfants n'avait rien d'exclusif et l'affection qu'il témoignait à son frère, à ses sœurs, à ses amis fut une des douceurs de la vie de cet homme si bien fait pour sentir les tendresses fraternelles.

On a vu dans le commencement de cette histoire, l'entrée de ses deux sœurs au Carmel de Poitiers. Sonis sentit vivement la peine de leur absence; mais les grilles du cloître ne séparèrent les sœurs et le frère qu'à demi. Une correspondance suivie, sinon fréquente, s'établit entre eux et ces rapports d'âme à âme, que Sonis aimait et appréciait, ne furent interrompus que par la mort.

L'aînée, Joséphine de Lestortières, la demi-sœur du général, avait pris en religion le nom de Sœur Marie-Thérèse de Jésus. Douée de qualités remarquables, d'un esprit sérieux et d'une grande maturité de raison, elle avait avec son frère des ressemblances, des affinités d'âme qui inclinaient particulièrement l'un vers l'autre ces deux cœurs trop semblables pour ne pas sympathiser.

La seconde, Marie de Sonis, plus vive, plus ardente, plus expansive, plus indépendante aussi, avait, dit-on, un peu du soleil des Antilles dans la tête et dans le cœur. Elle aimait le monde, le monde l'aimait et elle ne songeait guère au couvent, lorsqu'un coup de la grâce lui fit tout à coup deviner le néant de ses joies et de ses promesses.

Étant allée un jour visiter sa sœur au Carmel, elle eut subitement l'assurance intime qu'elle trouverait là, elle aussi, la paix que son âme inquiète avait jusqu'alors cherchée en vain. Sa nature aimante et affectueuse se tourna tout entière vers Jésus présent dans l'Eucharistie. On lui donna en religion le nom de Sœur Marie du Saint-Sacrement. C'était vraiment le sien.

Pendant la guerre de 1870, les prières des deux Carmélites suivaient leur cher Gaston sur le champ de bataille et un événement assez singulier arrivé à la Mère Marie-Thérèse montre à quel point la pensée des dangers courus par le général oppressait ces cœurs fraternels.

Le 2 décembre, pendant la terrible nuit de Loigny, nuit que le général, couché dans la neige, crut être la dernière de sa vie, la Mère Marie-Thérèse qui avait été envoyée au Carmel de Coutances en qualité de maîtresse des novices, fut réveillée en sursaut. Il lui semblait qu'un main invisible voulait l'obliger à se lever. Un peu surprise d'abord et croyant qu'une des novices malade venait réclamer du secours, elle demanda :

« Qui est là ? » Personne ne répondit. Convaincue alors qu'il n'y avait personne dans sa cellule, la bonne Sœur se mit à prier pour ses frères et ses neveux, tous cinq livrés aux hasards de cette terrible guerre. Le lendemain, très impressionnée, la religieuse parla à la Mère Prieure de ce qui lui était arrivé en ajoutant que, certainement, il avait dû arriver un malheur à quelqu'un des siens, probablement à Albert de Sonis, le brave enfant de seize ans pour lequel elle tremblait depuis le commencement de la campagne.

Peu après, la nouvelle officielle du désastre de Loigny franchit les grilles du Carmel et, pendant un long mois, le silence le plus complet vint s'ajouter à l'angoisse de la pauvre Carmélite. Elle écrivait au bout de ce temps à Loigny au malheureux amputé :

« Ah ! cher Gaston ! Te dire ce que j'ai souffert... c'est inexprimable. Enfin, j'apprends que tu es à Loigny, mutilé, mais très bien soigné, aussi bien que possible. Je t'avais tant et si amèrement pleuré comme mort, mon pauvre ami, que cette nouvelle en fut une bonne pour moi et me rendit presque la vie. Mais bientôt, n'entendant plus parler de rien, ni de personne, je retombai dans mon angoisse. Je répétais à Notre-Seigneur à satiété : Mon Jésus, accomplissez votre volonté, sans égard à mes goûts ou à mes répugnances... Vous aimez ce frère infiniment plus et mieux que je ne saurais l'aimer. Vous savez combien sa vie est précieuse pour sa famille ; tous ses enfants sont vôtres et consacrés à votre sainte Mère. Mon Jésus ! Vous savez, vous pouvez, vous aimez. S'il est possible, éloignez ce calice ; mais non ma volonté, mais la vôtre, Seigneur. »

On voit si ces deux cœurs battaient à l'unisson. Pendant que la religieuse faisait cette ardente prière, le général venait de subir son opération et il demandait au curé de Loigny de s'unir à lui pour remercier Dieu. Auprès de la Mère Marie-Thérèse, le général pouvait épancher le trop-plein de son amour pour Dieu. Il allait chercher près d'elle des encouragements. Près de la Mère Marie du Saint-Sacrement, le frère aîné pouvait presque faire l'office d'un directeur. La parole qui calme, qui console, qui ranime, sortait si naturellement des lèvres et du cœur de Gaston.

Un jour, Marie de Sonis, étant encore novice, vint au parloir sous l'impression peu dissimulée d'une réprimande qu'on venait de lui faire et que sa vive nature avait de la peine à accepter. Elle fit part de cette peine à son frère, alors jeune officier. « Ma petite sœur, lui dit-il, voudrais-tu contrister le cœur de Jésus qui veut bien de toi pour son épouse ? Il me semblait, à moi, que lorsqu'on s'était donnée tout entière à un tel Maître, on ne pouvait plus rien lui refuser. »

La jeune religieuse comprit ces hautes leçons. Vingt ans après, jour pour jour après son entrée au

Couvent, la Mère Marie du Saint-Sacrement mourait au Carmel dans la paix du Seigneur, et son frère, Gaston, réuni au colonel Théobald, le plus jeune de la famille venu à Poitiers pour les obsèques, pouvait écrire à sa chère Joséphine ces mots qui résumaient sa joie et sa douleur : « Soyez bénie, main de Jésus qui nous frappez ! La pauvre enfant était arrivée sur ces sommets d'où il fait bon prendre son vol vers l'éternité. »

Trois ans plus tard, un nouveau deuil s'ouvrait pour le général de Sonis. Il venait d'apprendre que sa sœur aînée était malade d'une fluxion de poitrine. Il lui adresse aussitôt ces lignes si affectueuses :

« Bien chère amie ! Je suis si tourmenté de te savoir malade que je ne sais que m'inquiéter et me chagriner. Ton souvenir ne me quitte pas !... Combien il me sera présent vendredi matin à la sainte Table. Qu'il me sera doux de redire à Notre-Seigneur : Seigneur, vous savez bien qu'elle et moi nous n'avons qu'un cœur et qu'une âme. Ce cœur et cette âme sont aujourd'hui soumis à l'épreuve ; faites-la cesser, Seigneur, si c'est votre volonté. Et si vous voulez qu'elle souffre, permettez que je porte une part de sa croix et que je souffre avec elle, afin qu'elle souffre

Un jour, Marie de Sonis, étant encore novice, vint au parloir sous
l'impression peu dissimulée d'une réprimande... (Page 247.)

moins. Donnez-lui le calme, la résignation si nécessaire à tous ceux qui montent avec vous le rude chemin du Calvaire. Faites qu'elle soit douce à la souffrance, soumise au médecin du corps et de l'âme, et qu'elle retrouve bientôt la santé, cette santé dont tous ceux qui l'aiment ont besoin...

» Je t'embrasse bien tendrement de loin, offrant à Notre-Seigneur le sacrifice de ta sainte clôture qui me prive du bonheur de m'asseoir à ton chevet et de tenir ta main comme je tiens ton cœur dans le mien. »

Cette lettre si fraternelle et si chrétienne, la Mère Marie-Thérèse de Jésus ne la lut jamais. Ce même jour, le 22 novembre 1876, elle chargea la sous-prieure d'une dernière commission pour son frère bien-aimé. « Vous lui direz, dit-elle, vous lui direz de ma part que c'est chose très douce de mourir. » Une heure plus tard, elle murmurait encore : « Que vous êtes beau, mon Dieu, mais je vais vous voir plus beau encore. » Ce furent ses dernières paroles.

Toute la correspondance du général de Sonis avec la Mère Marie-Thérèse, était de nature à faire connaître intimement la vie spirituelle du pieux militaire. Avec cette âme qui le comprenait, Sonis s'épanchait sans arrière-pensée et ses épanchements touchèrent si vivement la Carmélite que, peu de temps avant sa mort, elle mît par ordre de dates les saintes missives de son frère. Elle pensait sans doute que ce serait là une mine précieuse pour le futur historien de cette âme d'élite qui n'avait pas pour elle de secrets.

Malheureusement, après la mort de la Mère Prieure, le général demanda au Carmel de Coutances toutes les lettres envoyées par lui à sa sœur. On n'osa pas refuser cette demande dictée par l'amour de l'oubli et c'est ainsi que, seules, quelques lettres échappées à l'*autodafé* que M. de Sonis s'empressa d'en faire, suffisent pour légitimer tous les regrets causés par cette exécution bien digne de son humilité.

M. de Sonis n'était pas moins attaché à son jeune frère Théobald qu'à ses sœurs ; mais à cette affection se mêlait une inquiète sollicitude. Dans cette famille, aussi unie par les liens de la foi que par ceux du sang et de l'amitié, Théobald n'entrait qu'à demi dans cette harmonie des âmes. Il n'était pas chrétien ; du moins dans la pratique. C'était là une des croix de Gaston ; l'objet de ses inquiètes et ferventes prières.

Pendant le séjour de Gaston en Afrique, ce frère, militaire comme lui, venait de contracter un mariage selon son cœur. Dans la première lettre de Gaston à sa jeune belle-sœur, mademoiselle de Chiseuil, la sollicitude du général pour cette âme qu'il aime s'exprime avec autant de délicatesse que d'affection.

« Je vous remercie d'avance, ma sœur, dit-il, du bonheur que vous apporterez à mon frère. Vous dire qu'il est la moitié de moi-même ne vous surprendra pas. Il vous dira que nous n'eûmes jamais qu'un seul cœur à nous deux ; mais, dans ce cœur, c'est la place de Dieu que je recommande à votre foi. »

Quelques années après, le vœu de Gaston se réalisait. Dieu se faisait dans cette âme la place que les prières du frère aîné avaient conquise de haute lutte.

Dans les premiers mois de l'année 1869, M. de Sonis était allé à Paris et avait communié de bon matin à Notre-Dame-des-Victoires. De là, il se rendait chez son frère lorsqu'il le rencontra sur la porte de son hôtel.

« Eh ! d'où viens-tu à cette heure ? demande Théobald très étonné. — De Notre-Dame-des-Victoires. Ma première visite à Paris devait être pour elle, ma seconde allait être pour toi. »

Puisque Théobald sortait, Gaston ne monta pas

chez lui ; il lui donna rendez-vous pour l'heure du déjeuner.

Théobald continua son chemin. En route, une pensée absorbante ne le quittait pas : « Mon frère revient de Notre-Dame-des-Victoires ; et moi ! pourquoi n'y vais-je pas ? »

Il y songea si bien que, poussé par la grâce, il y alla. Il pria, se confessa, communia et, à partir de ce jour, mena la vie d'un fervent chrétien. Les prières de Gaston unies aux sacrifices des Carmélites, ses sœurs, avaient sans doute obtenu cette grâce insigne au Benjamin de la famille, qui est mort, il y a quelque temps, général comme son frère, dans les sentiments d'un croyant convaincu.

Les autres membres plus éloignés de la famille de Gaston de Sonis, n'avaient pas moins de droits à sa bienveillante affection.

Étant encore enfant, il avait eu des rapports d'amitié quasi-fraternelle avec de jeunes cousins dont, malgré son âge plus avancé, il avait souvent partagé pendant les vacances les jeux et la gaieté.

Plus tard, la croix vint prendre possession de ce foyer naguère si heureux. Sa cousine, mademoiselle Aglaé de Sonis, avait perdu en peu de temps sa mère, son frère, sa jeune sœur, et elle envoyait ces désolantes nouvelles à Gaston alors en Afrique.

Le jeune capitaine prend à tâche de relever cette âme si douloureusement éprouvée et il lui donne le secret de la résignation qui n'est autre chose que mettre Dieu entre la douleur et soi.

« Chère enfant, lui dit-il, vous avez été formée à l'école du Calvaire et vous portez une croix bien lourde pour vos jeunes épaules. Lorsque je pense au passé, je vois encore la belle habitation de votre père, avec son grand train de maison. Mais où en seriez-vous, chère Aglaé, si alors vous aviez vécu de cette vie ? Sans doute, hélas ! vous vous trouveriez plus loin de Jésus-Christ, que vous êtes aujourd'hui. Ainsi, ce qui répugne tant à la nature est au fond une bénédiction de Dieu. »

La douleur, en effet, rapproche de Dieu. A cette école, la jeune cousine apprit si bien sa leçon qu'elle confia à son cousin d'Afrique son désir de se vouer entièrement au service du Maître qu'il lui apprenait à mieux aimer.

Et l'on entend alors ce jeune officier de trente-cinq ans, capitaine de spahis, redire sa joie et sa reconnaissance pour cette faveur que le monde considère le plus souvent comme une résolution dictée par la misanthropie, une secrète déception ou tout autre sentiment humain.

Rien de plus fréquent que les tirades sur l'inconstance des amours de ce monde, les peines, les soucis, les tristesses, compléments des unions les plus enviables; et rien de plus rare que de voir l'annonce d'une future vocation religieuse accueillie de la manière suivante :

« Je ne m'étonne pas, ma chère enfant, que Notre-Seigneur vous ait parlé. Vous êtes de celles qu'Il aime et de celles qui l'aiment et qui, étant appelées, quittent tout pour suivre un si bon Maître !... Goûtez donc bien à l'aise les saintes joies que donne l'amour véritable! »

La jeune fille entra au couvent des Augustines. Trois ans après, elle faisait sa profession et devenait la Mère Marie Fourier.

Le commandant de Saïda la félicita et remercia Dieu :

« Quand on a le bonheur d'avoir la foi, dit-il, on voudrait trouver des chaînes encore plus étroites et plus capables de nous lier à Celui auquel, quoi que nous fassions, nous ne donnerons jamais assez. Vous serez, vous êtes une religieuse selon le cœur de notre divin Maître, et je l'en bénis de toute mon âme. Ne vous arrêtez pas. Marchez toujours dans le chemin royal de la Croix, à la suite de cet Epoux qui a tant fait pour vous. »

Si le dévouement à la famille se cantonnait dans ses limites étroites, on pourrait en conclure, avec un penseur moderne, que ce n'est là, au fond, que de l'égoïsme au second degré. Le général de Sonis n'a jamais mérité ce reproche. Il aimait ses amis d'une affection très vive, très vivement exprimée, et il témoignait en toute occasion, à son prochain, un dévouement à toute épreuve.

Les soldats qui étaient sous ses ordres avaient des droits spéciaux à sa sollicitude. Lorsqu'on lui recommandait particulièrement un de ces jeunes militaires, il le suivait de près, lui donnait des conseils en entrant dans les détails pratiques et en s'efforçant de tremper ces âmes pour la lutte, d'en faire des hommes et des chrétiens.

« Votre jeune frère, qui est sergent-major, est venu me voir sur ma demande, écrivait Sonis à un officier. Nous avons donc eu une longue conversation. Je n'avais pas d'autre intention que de me faire un peu le père de votre petit frère ; mais je crains de n'avoir pas été bien compris. Si donc mes conseils ont paru sévères, comme je le crois, dites-lui bien que je ne voulais pas effrayer une âme si digne d'encouragement. »

Et à un autre, à l'ami duquel il a conseillé d'observer toujours l'abstinence du vendredi, « cette marque d'obédience qu'il est toujours bon de porter », la confession hebdomadaire, la communion fréquente, et le lever de cinq heures du matin, le général fait cette réflexion :

« Cette dernière parole est dure. Se lever à cinq heures ! Le pauvre petit trouve que c'est le plus difficile ; ce qui ne l'a pas empêché d'observer ma consigne. Je lui ai fait mettre de côté le casino, et absolument. Il y allait beaucoup, et, à son âge, ce n'est pas sans dangers. Je lui ai recommandé la récitation du chapelet, dont il ne disait qu'une dizaine, et je l'ai vivement pressé de donner tous les matins quelques minutes à la méditation. Je crois qu'il y a dans ce bon jeune homme l'étoffe d'un chrétien robuste, digne de combattre le bon combat. »

Telles sont les directions d'amitié que le général de Sonis donne à de jeunes soldats. Il les aime pour eux d'abord, pour leur faciliter la voie qui conduit à Dieu. Il ne sait ni flatter, ni approuver les actes que le monde admire, mais qu'un christianisme éclairé et soumis réprouve, parce qu'ils sont contre la loi de Dieu et la conscience. C'est ainsi que le fils d'un ami très aimé s'était battu en duel et s'en était heureusement tiré selon le code mondain; M. de Sonis, au lieu de se joindre aux félicitations générales, écrivit au père du jeune duelliste :

« Mon pauvre ami, je suis très peiné de l'affaire de Pierre. Sans doute elle a dû lui valoir de nombreuses poignées de main; je connais cela. Mais mieux vaut un affront pour l'amour de Jésus-Christ. Je sais que tous les gentilshommes ne tiennent pas ce langage ; mais il n'y a pas deux religions de la Croix. Faites-lui mes amitiés *quand même*. »

Si le général aimait ses amis, dirons-nous maintenant combien ses amis l'aimaient? Il a pu leur rendre témoignage; ils n'étaient pas... les amis de Job; mais l'appui ferme et solide sur lequel il pouvait s'appuyer à l'heure de l'épreuve, de la souffrance et du découragement.

Plus d'un trait touchant de la délicatesse de ces amitiés trouverait sa place dans cette histoire.

M. de Sonis avait dans le caractère ce quelque chose d'accueillant et d'hospitalier qui attirait même les étrangers. Lorsqu'il était commandant du cercle de Laghouat, dans cette partie avancée du désert où les ressources de la civilisation française n'étaient pas à la hauteur de la quantité des touristes qui visitaient l'oasis, M. de Sonis, la première autorité du pays, se faisait une joie de représenter dignement la France en ouvrant une large hospitalité à ses compatriotes.

Malheureusement, la fortune du commandant n'égalait pas sa générosité.

Un jour, en bouclant ses comptes, il s'aperçut que les dépenses de sa maison avaient dépassé son budget, et qu'une dette de sept mille francs, insensiblement amassée, se trouvait inscrite à son passif.

Sonis était désolé. Comment rembourser cette somme? Il eut recours à saint Joseph, son protecteur ordinaire, et promit de faire chaque année une neuvaine d'actions de grâces si le bon saint lui fournissait les moyens de s'acquitter.

C'était au mois de mars 1868. Avant la fin du mois, une lettre arrive d'Alger à Laghouat, à l'adresse du commandant. Il l'ouvre et il en sort sept billets de mille francs avec un petit papier plié en quatre, sur lequel étaient écrits ces mots : « De la part de saint Joseph. »

La foi ardente et profonde du général de Sonis ne s'étonna qu'à demi de cette espèce de miracle. Il avait expliqué avec tant de naïveté à son saint protecteur, qu'un chef militaire ne devait avoir à baisser les yeux devant personne et particulièrement devant ses créanciers, qu'il n'avait pas douté une minute du succès de sa neuvaine.

Ému jusqu'aux larmes, il paya sa dette sans pouvoir deviner quelle main mystérieuse avait été l'instrument de cette intervention providentielle.

Plusieurs années après, le commandant se souvint d'un de ses amis d'Alger, M. Melcion d'Arc, auquel il avait un jour confié son embarras. Il l'interroge, le remercie, et M. Melcion, encore plus loyal que discret, ne voulant pas accepter des remerciements qu'il n'a mérités qu'à demi, avoue qu'il a confié la détresse du commandant à un personnage aussi généreux que riche qui lui avait dit aussitôt : « Voilà la première fois que saint Joseph me donne une mission; j'enverrai de sa part sept mille francs au bon et saint colonel de Sonis. »

Dès lors, pour M. de Sonis, le don était devenu une dette, et, quoique le bienfaiteur fît pour s'en défendre, le débiteur, devenu général, restitua, avec les expressions renouvelées de sa reconnaissance, la somme que saint Joseph lui avait prêtée.

XV

LE CHRÉTIEN

SE figurer connaître l'amour si ce n'est pas Dieu qu'on aime, c'est prendre une petite flaque d'eau trouble pour la grande mer aux vagues d'azur. »

Ce mot d'un penseur chrétien explique à lui seul tous les sentiments intimes du héros de cette histoire.

Nous avons vu de quelle affection profonde, surnaturelle, il aimait sa femme, ses enfants, ses sœurs, son frère, ses amis. Et ce fleuve de tendresses sans défaillances, sans ombres, sans nuages, suivait un cours toujours égal, parce qu'il s'alimentait à la source divine.

L'amour, dans le cœur de Sonis, venait de Dieu ; il remontait à Dieu, et, dans ce cercle immuable et toujours agissant, puisait une vitalité, une force, un regain de jeunesse que les affections purement humaines ne sauraient jamais donner.

Il semblerait presque superflu de montrer, en un chapitre spécial, quelle fut la vie chrétienne de M. de Sonis, tellement le christianisme et l'esprit du christianisme ont pénétré tous ses actes.

Il ne sera cependant pas inutile de faire connaître brièvement quelles pratiques pieuses, quels moyens a employés ce grand chrétien pour se maintenir jusqu'à la fin de sa vie sur les hauteurs où nous l'avons vu peu à peu s'élever.

La pratique rigoureuse et exacte des préceptes de la loi divine fut la base inébranlable de cet édifice de sainteté.

Dès l'époque de ce qu'il appelait « sa conversion », c'est-à-dire dès l'âge de dix-huit ans, au moment de la mort de son père, Gaston de Sonis se posa partout

Il alla, en présence de la foule, faire son Chemin de Croix en
s'agenouillant devant chaque station... (Page 268.)

et en toutes circonstances comme un chrétien, un catholique militant et convaincu.

Arrivé à vingt-quatre ans à Limoges, avec une femme de dix-huit, le jeune lieutenant fut bientôt connu dans la ville et dans le quartier par son assiduité à assister aux offices de sa paroisse, en grand uniforme, en dépit du respect humain, qui était à cette époque l'écueil redoutable de la jeunesse, et surtout de la jeunesse militaire.

Il y a quarante ans, il fallait un certain courage, en France, pour affirmer hautement ses convictions religieuses. Ce courage, Gaston de Sonis l'eut toujours. Et ce n'était pas le courage un peu problématique du soldat en temps de paix, mais bien celui du guerrier qui a senti l'odeur de la poudre et l'ardeur du combat.

Un jour, le jeune homme était allé passer une heure au cercle des officiers, où il y avait beaucoup de monde. Adossé au chambranle de la cheminée, un journal à la main, près d'une fenêtre ouverte, Sonis entendit le son d'une clochette qui retentissait au loin, sur la voie publique.

Il lui vint aussitôt à l'idée que c'était le Saint-Sacrement que l'on portait à quelque malade.

A cette pensée, un combat s'éleva dans l'esprit du jeune lieutenant : « M'agenouillerai-je? Resterai-je debout? » Sonis eut, en voyant ceux qui l'entouraient, une minute d'hésitation. Puis il s'admonesta vivement :

« Si ces gens-là, pensait-il, voyaient passer leur général, leur empereur, leur drapeau, est-ce qu'ils ne salueraient pas? »

Là-dessus, Sonis se précipite vers la fenêtre et allait se mettre à genoux, lorsque la clochette retentit de nouveau en même temps qu'un bruit de roues. C'était le vulgaire chariot d'un marchand ambulant. Pour cette fois, Dieu s'était contenté de sa bonne volonté.

Un autre jour, Sonis, en grand uniforme, avait assisté aux vêpres dans l'église paroissiale de Saint-Michel, en revenant d'une grande revue.

A la sortie, tous les regards, peu habitués à voir les hussards aux vêpres, se portaient sur lui. Ennuyé de provoquer ainsi l'attention, Sonis se dit que c'était là une bonne occasion de vaincre le respect humain, et il alla, en présence de la foule, faire son Chemin de Croix en s'agenouillant devant chaque station.

Après cela, un scrupule le prit. Il se figura qu'il

avait fait peut-être parade de dévotion, et il alla confier son inquiétude à M. de Bogenest.

M. de Bogenest était un prêtre vénérable, connu et estimé à Limoges. D'abord avocat, il avait abandonné les promesses d'un avenir brillant pour entrer dans les ordres. Sonis avait choisi ce prêtre très pieux et très éclairé pour son directeur. Celui-ci comprit bien vite quelle âme d'élite Dieu confiait à sa sollicitude : « Vous avez voulu briser en vous le respect humain, lui dit-il ; c'est bien. Passe donc pour cette fois, mais ne recommencez plus. »

Lorsqu'il s'agit d'affirmer ses convictions, Sonis eut toute sa vie la même force de caractère.

« Quel homme que ce Sonis ! C'est l'officier le plus étonnant de l'armée, disait en Afrique le futur général Marmier. Et surtout quel chrétien ! Dans nos expéditions, nous n'avions quelquefois que du cheval à manger, et, malgré cela, il n'a jamais fait gras le vendredi. »

M. Thiers, Président de la République, aurait pu, en 1872, ratifier ce jugement.

Il était fort préoccupé de l'idée de voir Napoléon III tenter un débarquement sur les côtes de Bretagne et il fit venir de Rennes le général de Sonis afin de s'entretenir avec lui de cette éventualité.

Le vieux diplomate savait être aimable quand il voulait et quand il le fallait. Il se montra vis-à-vis de Sonis d'une courtoisie poussée jusqu'à la coquetterie. Très désireux de mettre l'armée en général et M. de Sonis en particulier dans ses petits papiers, il termina l'entretien par une invitation à déjeuner.

C'était un vendredi de carême. Sonis accepte, arrive à une heure, à jeun, à l'hôtel de la Présidence et laisse défiler devant lui tous les plats sans y toucher. Le repas était servi en gras.

M. Thiers s'étonna d'abord du manque d'appétit du général. Puis, en homme qui sait un peu de tout, même le catéchisme du diocèse, il s'avisa enfin du motif de cette abstention.

Il se mit alors à s'exclamer, à s'excuser et à gronder sa femme qui s'empressa de faire servir du maigre à son brave convive. Le général s'amusait beaucoup de voir le désespoir sincère ou simulé de son hôte, inconsolable d'avoir oublié le vendredi et le carême devant un bon chrétien qui l'oubliait si peu.

Avec une nature comme celle du général, la garde rigoureuse des préceptes ne saurait suffire, il fallait à son amour pour Dieu le champ illimité des conseils.

« Il faut être à Dieu, non seulement jusqu'au cou, disait-il parfois, mais jusque par-dessus la tête. » En effet, les pratiques pieuses de ce soldat, même en campagne, ressemblaient à s'y méprendre à celles d'un fervent religieux.

La vie religieuse, d'ailleurs, aurait eu pour lui plus d'un attrait.

Étant encore officier-élève à l'école de cavalerie de Saumur, le jeune de Sonis était allé visiter l'abbaye des Bénédictins de Solesmes avec un de ses amis.

Avant son départ, un jeune moine, dom Leduc, avait dit au lieutenant :

« Pourquoi ne restez-vous pas avec nous ? » Souvent depuis, dit Sonis, cette parole m'est revenue, mais j'avais la conviction qu'il n'y avait pas en moi l'étoffe d'un bénédictin. Dieu a poussé ma barque dans d'autres eaux, mais j'ai toujours conservé une haute idée de la vie monastique pour laquelle j'ai toujours eu un secret penchant. »

Ces autres eaux n'étaient pas des eaux différentes ; c'étaient toujours les eaux vives de l'amour divin. Sonis ne négligeait aucune des pratiques pieuses que l'Église offre à ses religieux et à ses enfants fidèles comme moyens de perfection et de sanctification.

La prière, la récitation du chapelet, la lecture spirituelle, les visites au Saint-Sacrement, la communion fréquente : le général de Sonis pratiquait tout cela. Il connaissait le prix de ces actes de surérogation qui sont l'aliment de l'amour.

Pendant la campagne d'Italie, il écrivait à sa sœur, la Mère Marie du Saint-Sacrement :

« J'ai dû tellement alléger mon bagage que je n'ai emporté que la petite *Imitation de Jésus-Christ* que tu m'as donnée. Ce livre est toujours dans mes mains ; je le respire comme un bouquet. Un ami que j'ai ici me prête son *Nouveau Testament ;* mais, outre que je l'en prive, j'ai quelquefois de la peine à me le procurer. Envoie-m'en, je t'en prie, un exemplaire. »

Les lectures pieuses avaient pour lui un attrait toujours nouveau. Il puisait dans ces forts et nourrissants aliments la saine et solide instruction religieuse qui affermissait ses convictions et développait en lui ce goût de la piété et des offices de l'Église. Il en parlait ainsi à un ami : « Je ne sais rien de consolant comme la prière, rien de grand comme les cérémonies de l'Église, rien de beau comme la liturgie. Je n'ai jamais trouvé d'offices assez longs et j'ai toujours quitté l'Église avec peine. Je puis dire que le temps que j'y ai passé est le meilleur temps de ma vie. »

La Mère Marie-Fourier, dans l'ardeur de son zèle, avait un jour proposé à son cousin de réciter, en union avec elle, le grand office de l'Église. Le commandant de Laghouat avait accepté ; mais il s'aperçut que le temps réclamé par ses devoirs d'état aurait dû en être abrégé. Il jugea alors meilleur d'y renoncer. « Je sais que je me prive d'un grand bonheur, lui dit-il, mais le devoir avant tout. Je me contenterai donc de mon petit office de la Sainte Vierge. »

Plus tard, lorsque l'infirmité eut multiplié ses loisirs, le général ne craignit plus de multiplier ses heures d'oraison et ses obligations quotidiennes.

En 1865, M. de Sonis était entré dans le tiers-ordre du Carmel. Mgr Gay l'avait enrôlé dans cette pieuse milice et quatre ans après, le 27 août 1869, il avait fait sa profession chez les Pères Carmes à Bordeaux.

Le tiers-ordre du Carmel, comme celui de Saint-François ou de Saint-Dominique, est une société de prières, de pénitence, d'obéissance et de vie parfaite dans le monde. Il a été institué par le Pape Nicolas V, selon l'esprit de sainte Thérèse ; c'est-à-dire qu'il a pour but de développer l'amour de Jésus-Christ jusqu'au sacrifice de soi-même. La dévotion spéciale du

Tertiaire du Carmel, c'est Jésus-Christ, visité, adoré et reçu dans la Sainte Eucharistie. De nombreuses indulgences sont accordées à l'association, ainsi que la participation aux mérites des religieux et religieuses du grand ordre des Carmes.

Malgré son entrée dans la pieuse confrérie, M. de Sonis, jusqu'au jour de son arrivée à Rennes, n'avait pas eu l'occasion d'assister aux réunions des Tertiaires et de trouver chez les religieux du Carmel la direction qu'il s'empressa de leur demander lorsqu'il fut nommé commandant de la 16ᵉ division en Bretagne.

Si l'esprit de sainte Thérèse inspire surtout la dévotion à Jésus réellement présent sur nos autels, M. de Sonis s'est montré toute sa vie un Tertiaire fidèle à sa règle et d'une ferveur de novice.

La sainte communion faisait ses délices.

Le général de Sonis avait chez les Bénédictins de Solesmes un ami de cœur, M. Victor Sarlat. Devant lui, dans des lettres admirables, il soulève quelquefois un coin du voile qui recouvre ses joies intérieures en lui faisant retrouver tous ceux qu'il aime au pied du tabernacle.

« Sachez, mon bien cher ami, lui dit-il, que je ne

me sépare pas de vous. Bien souvent, je traîne mon corps infirme, mais je porte mon âme altérée aux sources vives de la foi, là où réside le Maître qui se donne à moi avec une libéralité qui me comble de confusion. C'est donc là, à la sainte table, à ces heures de délicieux silence qui sont les premières heures du jour, c'est alors que je pense à vous et que je demande à notre bon Maître et Seigneur de bénir les eaux tranquilles et harmonieuses de votre vie de moine. »

Ces eaux tranquilles ne portaient pas depuis long-temps la barque de dom Sarlat !

Lorsque M. de Sonis avait fait en rade d'Alger con-naissance du Bénédictin, celui-ci était alors capitaine de frégate.

Entré fort jeune dans la marine, il avait fait les expéditions de Crimée, de Syrie, du Mexique, puis la campagne de 1870 contre les Prussiens et les in-surgés de la Commune. En 1865, il avait contracté une alliance selon son cœur, et avait perdu sa femme après dix-huit mois d'union et trois mois seulement de séjour avec elle. Cette mort, qui brisa son bonheur humain et dont il ne se consola jamais, le conduisait dix ans plus tard au noviciat de Solesmes.

Il annonçait cette résolution à M. de Sonis en lui avouant, qu'après Dieu, il devait sa vocation à quelques paroles prononcées par lui dans leur première rencontre sur le *Tanger*, en rade d'Alger. M. de Sonis avait deviné à cette époque lointaine les germes de vocation à la vie parfaite que son ami devait embrasser plus tard.

Aussi, avec lui, il laissait courir sa plume.

Dom Sarlat avait fait ses premiers pas dans la vie monastique au jour anniversaire de la mort de sa jeune femme. A cette même date funèbre, il faisait sa profession et le général lui écrivait :

« Mon cher ami, soyez un moine parfait, selon le cœur de Dieu. Voilà donc que votre existence, sortie de l'épreuve des essais, va désormais couler comme un fleuve majestueux au milieu du calme de la solitude, de la prière et du travail. Que c'est beau ! Que c'est digne d'envie pour qui n'a pas été mis sur un autre chemin par la divine Providence. Mais Dieu fait bien ce qu'il fait pour chacune de nos destinées. Nous servons un maître qui ne veut pas être mis en question. Qui donc a pu sonder les mystères de sa propre vie sans tomber à genoux devant cette succession de problèmes toujours insolubles et toujours résolus par la miséricordieuse tendresse de la Providence... Si vous faites connaître un peu et si vous faites aimer beaucoup l'adorable nom de Dieu, vous aurez fait la plus grande chose qui soit en ce pauvre monde ; le reste n'est rien. »

Non, le reste n'était plus rien, en effet, pour cette âme de chrétien qui se dégageait chaque jour davantage des liens terrestres pour monter sur les hauteurs lumineuses de la foi et de l'amour divin.

Après les joies de l'union divine dans la communion, le général de Sonis ne goûtait rien autant que les douceurs de visites fréquentes et prolongées dans les Églises où le divin Maître accueillait ses hommages et ses adorations.

Tout jeune officier, à Limoges, il avait établi avec quelques amis l'adoration nocturne du Très Saint-Sacrement. Ils étaient huit chrétiens fervents qui se relayaient d'heure en heure, dévoués à cette œuvre de réparation. La première nuit de veille s'ouvrit le soir du mardi-gras, en 1853, dans la chapelle particulière des Pères Oblats de Marie.

A Alger, Sonis se souvint de ces « nuits délicieuses, comme il les appelle, où il cherchait à mettre dans la balance des jugements de Dieu un peu d'amour sur le plateau de la miséricorde, si vide, hélas ! de nos réparations. » Il tenta d'établir l'œuvre et il y réussit. Dès sa première lettre à son ami de Sèze, Sonis lui annonce la bonne nouvelle : « C'est cette nuit que commence l'adoration du Saint-Sacrement. J'y serai et je penserai à toi. »

Sur le champ de bataille de Loigny, cette dévotion, chère à son cœur, lui revint à la mémoire. Il fit vœu, s'il échappait à la mort, de passer une nuit entière au pied du tabernacle. Il n'y manqua jamais. Chaque année, le soir du 2 décembre, Sonis arrivait, péniblement appuyé sur sa jambe de bois, à la porte de quelque couvent demander aux religieux l'autorisation de passer la nuit en adoration dans leur chapelle.

Le lendemain matin, il entendait la messe, communiait et s'en retournait tout joyeux. Le Père du Lac, supérieur de la résidence des Jésuites à la rue des Postes, lui demandait un jour, après une de ces veilles, s'il n'était pas fatigué ?

— Fatigué ! répondit Sonis. Une nuit de garde, qu'est-ce que cela ?

Et il alla tranquillement assister à la commission militaire pour la revision des grades de la cavalerie.

Tel était le chrétien en M. de Sonis. Quand une âme vit ainsi pour Dieu d'une manière si absolue, elle approche chaque jour du terme de ses immortelles espérances. Il ne nous reste donc plus qu'à voir le général dans les dernières années de sa vie monter de plus en plus haut par la souffrance et la résignation.

Son existence d'infirme toujours agissant fut inaugurée à Rennes où nous l'avons laissé commandant la 16e division militaire et travaillant de toutes ses forces à la réorganisation de l'armée française. C'est là que nous allons le retrouver.

Son cheval, effrayé par le passage d'un train, désarçonna son cavalier. (Page 288.)

XVI

LE GÉNÉRAL DE SONIS COMMANDANT DE LA 20e DIVISION
A RENNES ET A SAINT-SERVAN

EN prenant à Rennes le commandement de la 20e division, le général de Sonis allait montrer ce que peut la force morale dans un corps brisé par la souffrance physique. Il lui fallut faire des prodiges d'énergie pour se maintenir à un poste qu'il désirait fort conserver, car la modicité de ses ressources et sa nombreuse famille eussent rendu une demi-solde ou une pension de retraite absolument insuffisante.

Aussi, M. de Sonis, qui abandonnait si bien entre les mains de la Providence le présent et l'avenir, avait demandé à Dieu avec instances une faveur que la vivacité de sa foi devait lui obtenir. Il désirait conserver sa position, ne pas être obligé de quitter le service. Pour cela, il fallait avoir assez de force, de santé et d'adresse pour soutenir des courses à cheval pendant plusieurs heures, à toutes les allures, malgré sa jambe de bois et l'affaiblissement causé par de longues et vives souffrances.

Il avait fait faire un ingénieux appareil qui lui permettait de rester cavalier. Toutefois, la mise en selle lui causait d'atroces sensations. Lorsqu'on soulevait le pauvre général par sa jambe amputée, la douleur lui arrachait des cris. Un crochet fixé au côté montoir de la selle emboîtait la cuisse; une botte en cuir renfermait l'extrémité de la jambe de bois, et, une fois le mouvement opéré qui faisait passer son autre jambe par-dessus la croupe du cheval, Sonis pouvait marcher comme autrefois, dans son attitude martiale, à la tête de ses régiments.

Cependant, pour s'accoutumer à la gêne et à la souffrance causées par son appareil, il lui fallut du temps.

Presque toujours en voyage, en tournées d'inspection, il ne prenait pas le temps de laisser cicatriser

l'inflammation produite par la fatigue et le frottement.
Il rentrait le plus souvent à l'hôtel le moignon de la
cuisse en sang. Il prenait alors un bain, se couchait
et... recommençait le lendemain.

Les médecins, qui craignaient toujours de voir le
mal s'augmenter, recommandaient la prudence, le
repos, les soins méticuleux. Le général souriait et les
laissait dire. On peut même ajouter qu'il eut raison
contre eux, puisqu'il s'habitua si bien à son infirmité
que son devoir et son travail ne subirent jamais aucun
retard.

Il put même faire plusieurs voyages. Le général
vint à Paris, appelé par M. Thiers; à Poitiers, pour
assister à l'enterrement de sa sœur, la Mère M.-Thé-
rèse du Saint-Sacrement; à Paray-le-Monial, lors du
colossal pèlerinage de la France pénitente au tombeau
de la Bienheureuse Marguerite-Marie; à Chartres;
à Loigny, où il revit le lieu de son martyre et de son
héroïque dévouement. Ces différentes stations, qu'il
faisait d'ordinaire coïncider avec ses tournées d'inspection dans le voisinage, lui prouvèrent que Dieu
avait exaucé sa demande. Il pouvait rester militaire
actif et continuer à donner à la France son temps,
ses forces, ses talents, son expérience, et cette invio-

lable fidélité au devoir qui est la première vertu du soldat.

En 1873, il y eut un instant, en France, une espèce de retour vers les idées monarchiques. M. de Sonis n'avait jamais été républicain. Il ne cachait pas ses opinions politiques, et, tout en servant loyalement la République, il appelait de tous ses vœux l'heure où le pouvoir serait personnifié dans un seul chef respecté et aimé.

Un jour, dans un repas de mariage, voyant qu'on hésitait à porter un toast à la restauration, afin de ne pas compromettre sa situation de général sous la République, Sonis se leva, prit son verre et dit très haut: « Messieurs, nous sommes, dit-on, sous le régime de la liberté. Vive le roi! »

Aussi, tout en appréciant le général de Sonis comme militaire, le gouvernement l'aimait beaucoup moins comme homme politique; et M. Thiers, si aimable lorsqu'il traitait Sonis en convive digne d'être ménagé les vendredis de carême, avait les yeux sur lui, et éprouvait le besoin de le faire surveiller à l'époque des élections. Le régime de liberté était sujet à caution.

Cette surveillance se piquait d'ailleurs de sollicitude et d'adresse.

Le Président de la République avait averti obligeamment le général qu'il mettait à sa disposition un employé de la police chargé de le renseigner sur tout ce qui se passait dans son commandement. Le policier était surtout chargé de surveiller son surveillant et de renseigner le ministère sur tous ses faits et gestes. Sonis ne tomba pas dans le piège.

Un jour, son homme vient prendre ses ordres et lui parle, d'un air détaché, d'un petit voyage qu'il vient de faire à Lorient. Le général l'interrompt avec vivacité en disant : « Oui, vous êtes allé à Lorient porter de l'argent, de la part de M. Thiers, afin d'assurer l'élection de tel candidat républicain ! » L'agent de police, pris au dépourvu, ne sut pas dissimuler : « Faut-il qu'il y ait des gens indiscrets ! » dit-il, naïvement.

Huit jours après, il quittait Rennes pour n'y plus revenir, prétendant que le général avait une police mieux informée que la sienne.

Cette suspicion indique d'avance que M. de Sonis n'était pas un favori du pouvoir. Au mois de septembre, Rennes devint le chef-lieu du 10e corps d'armée. Au lieu d'en donner le commandement à M. de Sonis, divisionnaire, on le confia au général Forgeot.

Pour le général de Sonis, c'était un de ces mécomptes doublé d'injustice dont on a le droit d'être ému. Son avenir, celui de sa famille surtout, allait être remis en question. Qu'allait-on faire de lui? Il n'en savait rien. Cette incertitude ne troubla pas sa paix. Il répéta le mot favori de toutes ses heures d'angoisses : « A la grâce de Dieu! »

Dans ce moment-là, la grâce de Dieu était pour lui une grâce de souffrance et d'épreuve.

Il avait cédé l'hôtel de la division au nouveau commandant du 10e corps d'armée, et s'était établi dans une maison située sur le boulevard. On lui avait appris qu'il restait à Rennes et qu'il gardait le commandement de la 20e division.

Pour lui, c'était une bonne nouvelle; il s'en réjouissait lorsqu'un grave accident vint alourdir le poids de sa croix.

En faisant à cheval sa promenade quotidienne, le général de Sonis passait sur le pont du chemin de fer, lorsque son cheval, effrayé par le passage d'un train, désarçonna son cavalier et le jeta brusquement à terre. Lorsqu'on voulut le relever, on s'aperçut que son unique jambe était cassée. Deux mois d'immobilité absolue et des souffrances très vives suivirent cette malheureuse chute. Pendant ces deux mois, Sonis témoigna d'une si héroïque patience que son entourage disait de lui : « Ce n'est pas un saint, c'est un ange. »

Il pouvait à peine faire deux ou trois pas dans sa chambre, avec l'appui d'un bras, qu'il est appelé à Paris pour affaire de service. Il se fit porter en wagon et partit.

Cependant, le mieux que les médecins annonçaient se faisait attendre. La jambe remise refusait de porter le corps du général. Il ne pouvait s'appuyer dessus sans ressentir de très vives douleurs. On crut sans doute à des douleurs rhumatismales ou nerveuses ; on y appliqua le fer et le feu. Rien n'y fit, jusqu'au jour où l'on s'aperçut d'une fracture du petit os de la hanche. Les médecins y mirent un appareil en plâtre que le patient ne put conserver, et, au milieu de ses tortures multiples, le pauvre malade ne savait que dire : « Mon sort n'est pas digne d'envie, les épreuves ne me manquent pas ; mais, grâce à Dieu, le courage ne me fait pas défaut. Notre-Seigneur, qui a placé la croix sur mes épaules, ne m'a pas refusé la résignation dont j'ai besoin et qui me fait dire : « Bénie soit la main qui me frappe ! » J'espère que les prières de tant de bonnes âmes ne seront pas perdues et qu'elles me vaudront quelques années de moins en purgatoire, s'il plaît à Dieu de ne pas me rendre la santé. »

Il était encore dans cet état d'immobilité lorsque les ennuis d'un déménagement vinrent s'ajouter aux douleurs de la maladie. Le siège de la 20e division était, par ordre du ministère, transporté à Saint-Servan, petite ville de Bretagne, où le général de Sonis demeura six années.

A ce moment, la famille de M. de Sonis avait commencé l'ère des séparations.

L'aîné des fils, Gaston, était marié. Henri et Albert venaient d'être reçus à Saint-Cyr. Les jeunes filles étaient en pension au Sacré-Cœur de Rennes, et Marie de Sonis, l'aspirante au Carmel, était entrée au noviciat du Sacré-Cœur de Conflans au mois de novembre 1872. Les plus jeunes seuls animaient encore de leur présence le foyer de famille, et M. de Sonis, impotent, cloué toute la journée sur son fauteuil, se faisait le répétiteur de ses enfants et remplissait, ainsi qu'il l'écrivait à un ami, « les nobles fonctions de maître d'école ».

Il avait loué à Saint-Servan une charmante propriété entourée d'un jardin. Cette propriété, appelée *l'Amélia*, avait appartenu jadis, disait-on, à la famille du célèbre abbé de Lamennais. Le principal avantage de l'immeuble, c'est qu'il touchait à une petite chapelle où M. de Sonis se faisait rouler chaque matin dans sa voiture de malade. Il entendait la messe et y communiait. Tous les jours aussi, il se faisait conduire à l'extrémité de son jardin, d'où il contemplait la mer pendant de longues heures. Là, malgré l'infirmité et les souffrances physiques, il remerciait Dieu de cette vie tranquille et douce, et il disait souvent qu'il avait passé dans ce solitaire bourg de Bretagne les plus heureux temps de sa vie.

Cependant, on redoutait pour le pauvre malade l'hiver et les brumes du Nord. Les médecins décidèrent qu'il devait passer la mauvaise saison dans le Midi. A la fin de novembre 1873, le général, sa femme et son plus jeune fils François, alors âgé de sept ans, se mirent en route pour Amélie-les-Bains.

Aller dans le Midi, c'était surtout, pour M. de Sonis, visiter, saluer et prier Notre-Dame de Lourdes; et, s'il n'obtint pas d'elle la guérison de son mal, du moins il trouva à ses pieds une soumission toujours plus complète à la volonté divine.

« Je me suis plongé entièrement dans ces eaux bénies, écrivait-il à son frère Théobald, et, en entrant dans l'eau, je disais : « Que la très adorable volonté » de Dieu soit faite ! » Elle s'est accomplie à sa manière, et j'ai obtenu, faute de guérison du corps, une très joyeuse acceptation de cette volonté adorable. »

Les prières et la résignation ne l'empêchaient pas d'employer les moyens humains de soulagement. Deux années de suite il alla aux eaux de Barèges. Un mieux relatif fut le résultat de ces déplacements. M. de Sonis restait impotent, mais il pouvait monter à cheval. C'était tout ce qu'il désirait, car le ministre de la guerre fit savoir en 1875, à tous les commandants de corps d'armée, qu'on réclamait des généraux une grande activité et qu'ils fussent susceptibles d'être à la tête de leurs troupes au premier signal. Le général de Sonis, interrogé à ce propos sur son état de santé, put répondre au général Forgeot : « Le service d'un officier général se faisant à cheval, quoique je ne puisse faire que quelques pas sans l'appui d'un bras, je crois pouvoir remplir toutes mes obligations. »

La mort des êtres aimés transporte peu à peu notre patrie dans l'autre monde. M. de Sonis faisait aussi cette expérience. Ce fut vers la fin de 1876 que sa sœur bien-aimée, la Mère Marie-Thérèse de Jésus, mourut au Carmel de Coutances. Il était trop souffrant pour la revoir une dernière fois; mais il savait où la chercher, et il pouvait dire en toute vérité : « Moi qui l'ai tant aimée, je suis étonné de me sentir si calme à la pensée de sa mort. Lorsque mon âme prononce son nom, mes yeux se lèvent tout naturellement en haut. »

Il avait plus besoin que jamais, du reste, de détacher ses yeux de cette pauvre terre qui ne lui offrait plus guère que des sujets de crainte, de tristesse et de larmes. Pour les amis de Dieu, depuis quelques années, il y a de l'orage dans l'air. M. de Sonis, profondément atteint par la politique irréligieuse qui agitait tout autour de lui, voyait arriver le moment où il suffirait d'être chrétien pour s'attirer la haine de ceux qui arrivaient au pouvoir. On n'était plus bien loin de la campagne de laïcisation à outrance et des décrets d'expulsion contre les religieux. Ceux qui se disaient leurs amis — et M. de Sonis était bien de ceux-là ! — devaient en subir le contre-coup.

Sans être prophète, il pouvait écrire :

« Les gens de notre bord seront traqués comme

des bêtes fauves par Messieurs les radicaux. Le pain que nous sommes destinés à manger sera, je crois, bien noir. Mais qu'importe ! L'essentiel est qu'il soit mangé de bon cœur, à la plus grande gloire de Dieu. »

Pour ne donner aucun prétexte à sa mise en disponibilité ou à la retraite, Sonis, qui n'était plus, ainsi qu'il le disait lui-même, qu'un tronçon humain, faisait son service avec une ponctualité, une régularité parfaite. De plus, il menait à Saint-Servan une vie très retirée. Cela ne l'empêcha pas de recevoir son changement. Il reçut un jour l'avis qu'il était brusquement transféré à Châteauroux, sous le commandement du général marquis de Gallifet.

On pensait qu'à la suite de cette mutation qui ressemblait fort à une disgrâce, le général de Sonis donnerait sa démission. On ne connaissait guère les sentiments intimes de ce vaillant.

XVII

M. DE SONIS A CHATEAUROUX. LES DÉCRETS

E général Gaston-Alexandre-Auguste, marquis de Gallifet, était né à Paris, le 29 janvier 1830.

Il s'était engagé dans l'armée à l'âge de dix-huit ans. En 1870, il était devenu général de brigade. Après la guerre, il avait commandé en Afrique la subdivision de Batna. Le maréchal de Mac-Mahon en fit, en 1875, un général de division dont l'état-major se trouvait à Dijon. Lorsque le général de Sonis arriva à Châteauroux, M. de Gallifet commandait le 9e corps d'armée.

Entre ces deux hommes, il pouvait y avoir des divergences quant à la nuance politique. Le marquis de Gallifet, comme M. de Sonis, mais pour d'autres causes, s'était attiré la haine des radicaux avancés ; du reste, il ne cachait pas ses sympathies pour la République qui le traitait en enfant gâté. Pour être juste, il faut ajouter que cette tendresse, qui prend si facilement des allures démocratiques, n'empêchait pas le marquis d'être un parfait gentilhomme. Il avait connu le général de Sonis en Afrique, avait conçu une haute estime pour ce caractère si absolu, et il lui témoigna en toutes circonstances une bienveillance dont M. de Sonis ne pouvait qu'être touché.

Le général de Gallifet était un soldat très actif. En arrivant à Châteauroux, Sonis put craindre un moment que son infirmité ne fût un obstacle à leur bonne entente. Comme il aimait à faire connaître immédiatement le fort et le faible de sa situation, il écrivit au commandant du 9ᵉ corps pour lui exposer sa position d'invalide qui ne lui permettait de marcher qu'à cheval.

M. de Gallifet lui répondit aussitôt : « Faites-moi l'honneur d'avoir en moi la confiance que j'ai en vous. » Cette phrase était d'un bon augure. Elle n'était pas simplement une réponse polie, mais l'expression exacte des sentiments du commandant du 9ᵉ corps.

La population acclamait les Bénédictins. (Page 3o5.)

Constamment, il témoigna à M. de Sonis la plus parfaite estime. Il avait compris que les mesures vexatoires prises à son endroit à Saint-Servan, méritaient une réparation et il écrivit un jour à Sonis de lui faire une requête à l'effet d'obtenir la croix de grand-officier de la Légion d'honneur.

M. de Sonis n'était pas homme à demander des faveurs. De plus, il craignait de recevoir cette distinction le 14 juillet, jour anniversaire de la prise de la Bastille où il s'abstenait d'arborer à ses fenêtres drapeaux et lampions, ce qui le fit mettre, dès son arrivée à Châteauroux, sur la liste des réactionnaires. Cette abstention ne ralentit pas le zèle du général de Gallifet. On passa, grâce à lui, sur la formalité de la demande, et le général reçut, le *douze* juillet, la décoration supérieure dont il n'avait pas voulu.

Malgré ces éclairs de justice, le char politique de la France s'enfonçait peu à peu dans l'ornière des passions anti-religieuses et anti-cléricales. Le ministre, Jules Ferry, préparait de longue main le fameux article 7 des décrets destinés à expulser les communautés religieuses non autorisées par la loi. Les Jésuites, les Dominicains, les Bénédictins et tant d'autres, tous amis de M. de Sonis, étaient visés par les décrets. Prévoyant le moment où l'armée serait tenue de coopérer à d'iniques expulsions, le général prévoyait aussi l'heure où son honneur de chrétien et de gentilhomme exigerait de sa délicatesse une démission qu'il redoutait à cause de son peu de fortune et de ses charges de famille.

Il se sentait comme l'oiseau sur la branche. Pour lui, le séjour à Châteauroux était un vrai campement.

« Je vous avoue que je m'attends à être mis à la porte d'un moment à l'autre, écrivait-il, et je suis très étonné que ce ne soit pas déjà chose faite. »

Ce n'était pas que le séjour de Châteauroux lui plût si fort ; mais la redoutable question d'argent venait comme d'habitude se mettre à la traverse de ses goûts et de ses préférences. Cette question-là avait au moins deux voix au Chapitre. Sonis redoutait la dépense d'un nouveau déplacement et il acceptait, faute de mieux, l'installation mesquine dont il disait :

« Oui, me voilà à Châteauroux dans une vilaine ville, une vilaine rue, une vilaine maison, toutes choses que j'accepterais volontiers si le logement était mesuré au nombre de mes enfants. Mais mes prédécesseurs étaient, paraît-il, plus souvent sur le pavé de

Paris qu'ici, et nous sommes installés les uns sur les autres dans le plus triste des logis. »

Toutefois, ce qui touchait à la gloire, à l'honneur du Dieu qu'il servait, attristait bien davantage le pieux général.

A l'occasion de la procession de la Fête-Dieu, le ministre de la Guerre qui était alors le général Farre, avait défendu de donner la musique du régiment pour la cérémonie. De même, la sortie des troupes et leur placement en bataille sur le passage du Saint-Sacrement étaient supprimés. On s'en prenait à Dieu d'abord en attendant l'expulsion violente et brutale de ses ministres.

M. de Sonis avait connu à Saint-Servan un jeune militaire qui avait eu le courage, dès son arrivée au régiment, de se montrer assez chrétien pour assister aux processions prescrites pour le Jubilé de 1875. Naturellement, au cercle des officiers, ce fut un feu roulant de plaisanteries sur le compte du courageux garçon. Celui-ci tint bravement tête à l'orage. Quelques jours après, étant en marche militaire, un ancien adjudant-major interpella le jeune officier : — Monsieur, dit-il d'un air ironique, vous faites le dessin topographique de l'itinéraire de la marche ; il vous

siérait mieux de faire celui de la procession et je vous
en chargerai.

— Très volontiers, mon capitaine, répliqua celui-ci
sans s'émouvoir, car je compte encore y assister sans
faute dimanche prochain.

M. de Sonis était alors aux eaux. Lorsqu'à son
retour, on lui raconta l'histoire, il s'intéressa grandement au jeune officier. Il le vit quelquefois, le reçut
chez lui et devint bientôt le confident des projets de
vie religieuse que le lieutenant lui confia.

En 1880, ces projets étaient devenus une réalité.
L'officier était entré au noviciat des Jésuites d'Angers.
Le général de Sonis entretenait une correspondance
amicale avec son ancien subordonné et lui faisait part
des craintes suscitées par le malheur des temps.

« Je lis tous les jours dans l'*Univers,* mon cher
Grange, le récit de toutes les persécutions que l'on
prépare à votre sainte compagnie, lui écrivait-il. On
se demande comment cela finira ? Très mal, j'en ai
peur. Mais Dieu aura le dernier mot. »

Vis-à-vis du gouvernement, Sonis aussi tenait à
avoir le dernier mot. Les décrets commençaient à être
appliqués un peu partout. On chassait de leurs cou-
vents de pauvres religieux qui ne cédaient qu'à la

force. Le général y avait bien réfléchi. Si la troupe était employée à cette honteuse besogne, il n'aurait plus qu'à demander sa mise à la retraite. Pour lui le problème se posait ainsi : Se soumettre ou se démettre. Il n'hésita pas à opter pour ce dernier parti.

Au mois de novembre une réunion des généraux était convoquée à Tours pour le classement des officiers proposés pour l'avancement.

Un ami de Sonis, le général Follope, étant venu le voir à l'hôtel, ils furent rejoints par le général Vitott qui commandait à Poitiers une des brigades de Sonis. Le général Vittot venait de rencontrer M. de Gallifet qui lui avait appris qu'il venait de recevoir l'ordre de faire exécuter les décrets sur le territoire du 9e corps.

En quittant son ami, le général Follope alla prévenir les Oblats de Saint-Martin dans l'intention de s'enfermer avec eux pour la résistance du lendemain. M. de Sonis se rendit chez M. de Gallifet pour lui demander d'être relevé de son commandement.

M. de Gallifet fit tout ce qu'il put pour détourner M. de Sonis de sa résolution : « Général, lui dit-il, vous êtes l'honneur de l'armée, je ne puis donner suite à votre demande. » Il lui dit ensuite que pour ménager sa délicatesse, il avait donné les ordres directement à Poitiers et à Châteauroux ; les décrets s'exécuteraient donc sans sa participation. M. de Sonis persista.

Et il fut heureux d'avoir persisté, lorsqu'en arrivant à Châteauroux il apprit que des ouvriers militaires, refusés par M. de Gallifet, mais accordés par le ministre de la Guerre, avaient enfoncé les portes des Pères Rédemptoristes. A cette nouvelle, il s'applaudit de sa fermeté et écrivit au général du 9ᵉ corps pour le remercier de sa constante bienveillance en attendant les événements.

Toutefois, ce n'était pas sans un réel brisement de cœur que ce soldat remettait son épée au fourreau ; mais, ainsi qu'il l'écrivait à Mgr l'archevêque de Bourges : « Au moment où l'amnistie rappelle les voleurs, les assassins, les incendiaires de la Commune, il n'avait que faire de rester à la tête de troupes exposées à mettre baïonnette au canon pour faire la guerre aux prêtres et assiéger les monastères. »

C'est ainsi que M. de Sonis, après quarante ans de loyaux services, fut mis en disponibilité. Le ministre y mit même quelques formes. Il adressa à M. de Gallifet une dépêche confidentielle, dans laquelle il exprimait quelques regrets de la détermination du général.

Mais ces paroles polies ne résolvaient pas pour M. de Sonis le cruel problème de l'existence pour lui et les siens. Six mois après la mise en disponibilité, un officier supérieur est réduit à la demi-solde. Heureusement que la famille du général partageait les sentiments généreux de son chef, qui écrivait confidemment : « Je dois sacrifier mon bien-être à mon honneur de chrétien. Nous apprendrons désormais tous ensemble à pratiquer et à aimer madame la Pauvreté. C'est une vieille amie ! »

En même temps que dans sa foi et dans sa fortune, Sonis était atteint dans ses amis.

L'abbaye de Solesmes avait vu partir ses religieux cédant à la force armée, et, parmi eux, dom Sarlat, auquel le général enviait autrefois le calme de cette cellule dont on l'expulsait violemment.

L'ancien capitaine de frégate avait retrouvé ce jour-là quelque chose de ses jours de bataille.

Lorsque les gendarmes, assistés du préfet de la Sarthe, vinrent mettre la main sur lui, ils purent voir, sur le scapulaire de ce moine qu'ils chassaient au nom de l'Etat, toutes les décorations que ce même Etat lui avait octroyées en récompense des services rendus à la patrie. La population acclamait les Bénédictins et leur jetait des couronnes. En voyant ces signes de l'honneur briller sur la poitrine de dom Sarlat, les infortunés gendarmes, qui contribuaient à son expulsion, lui rendaient d'instinct les honneurs militaires.

Un mois après son départ de Solesmes, le religieux bénédictin écrivait à son ami le général de Sonis « qu'en ayant désormais fini avec le siècle, il voulait jeter à la mer ce qui lui restait encore des biens de ce monde. Cela étant, il serait heureux et honoré de voir un ami recueillir ces épaves, et il le priait de s'ouvrir simplement à lui sur sa situation, comme à un frère, un religieux, dans le secret du sanctuaire et l'absolue confiance de l'amitié. »

Cette démarche émut M. de Sonis jusqu'aux larmes. L'avenir lui apparaissait bien sombre. Son manque de fortune, quelques dettes faites pour satisfaire aux exigences de sa position, la perspective d'une demi-solde causaient à l'infirme de sérieux soucis. Mais sa confiance en la Providence n'était pas diminuée.

« J'ai été dans ma vie accoutumé aux miracles, disait-il. Dieu en fera un plutôt que de m'abandonner. »

Et voilà que Dieu se servait, pour rassurer un peu son serviteur, de la main généreuse de son ami dom Sarlat.

Faisant céder la fierté du soldat à la confiance du chrétien, refoulant ces sentiments d'amour-propre et de délicatesse humaine qui parlaient si haut chez lui, le général explique tout : sa belle et nombreuse famille, ses revers, ses déplacements continuels, son habitude de mettre toujours l'honneur au-dessus de l'argent, les avances de ses amis, sa solde, qui avait dû jusque-là suffire à tout, et l'événement qui l'avait mis dans l'alternative d'opter entre sa conscience et sa position militaire. « Et cependant, ajoute-t-il, j'aurais voulu qu'après ma mort ma femme et mes filles — je ne parle pas des garçons qui trouveront toujours à gagner leur vie — eussent à peu près du pain, et je ne possède pas un centime. »

L'assistance que M. de Sonis reçut de son ami ne lui enleva ni l'honneur, ni le poids de la pauvreté. Elle le mit à même de satisfaire à toutes ses obligations. La générosité de l'un n'était dépassée que par la reconnaissance de l'autre, qui rapportait à Dieu, dans un élan de foi, la gloire de ce secours providentiel, en disant encore à dom Sarlat :

« Sans vous ravir, cher et Révérend Père, ce qui vous revient d'un acte si libéral, j'aime à me rappeler que vous n'êtes pas du monde, mais moine et serviteur de Dieu. C'est surtout sous cet aspect que je considère dans ce que vous faites un acte de la Providence. Comment alors ne pas faire taire cette fibre si délicate et si humaine de l'amour-propre, et ne pas se prosterner devant cette bonté si tendre et si touchante de Notre-Seigneur, qui fait passer ce secours par vos mains consacrées, mais aussi mains dévouées, s'il en fut. »

Cependant la bienveillance de M. de Gallifet obtint à Sonis d'être rendu au service actif dans un poste où la politique n'aurait rien à démêler. On lui donna une inspection permanente de cavalerie,avec Limoges pour résidence.

La fin de sa carrière le verrait donc dans cette ville de Limoges où il avait débuté, et où il retrouverait de si bons amis. Une de ses meilleures joies devait être aussi de revoir vivantes et prospères les œuvres de piété et de charité qu'il y avait laissées. La conférence de Saint-Vincent de Paul, l'adoration nocturne du Saint-Sacrement retrouvaient en lui un membre assidu et zélé. « Mais, disait-il aimablement, au lieu du jeune officier d'autrefois, Notre-Seigneur ne trouve plus pour sa garde d'honneur qu'une vieille sentinelle boiteuse et incapable d'une bonne faction. »

Mais ce que le général ne disait pas et ce que tout le monde pensait, c'est que la vieille sentinelle montait bravement la garde depuis plus de quarante ans. Et, durant ce long poste, elle avait appris à prier, à attendre, à accepter les vides qui se creusaient peu à peu autour de sa guérite, et, par tous ces moyens de souffrance et d'amour, elle se rapprochait toujours davantage du Dieu qu'elle avait si loyalement servi.

M. de Sonis se réjouissait surtout de retrouver en Limousin ses deux amis de cœur : le comte Louis de Sèze et M. Henri Lamy de la Chapelle.

Cette joie ne lui fut pas accordée. Ils moururent tous deux avant le mois d'octobre 1881, époque fixée par le général de Sonis pour son installation à Limoges. Dieu brisait ainsi peu à peu les liens de son serviteur avant la grande et définitive séparation.

XVIII

PARIS ET LES DERNIERS JOURS. LE TOMBEAU DE LOIGNY

OUR un homme de devoir et d'activité comme le général de Sonis, une inspection de cavalerie n'était pas une sinécure.

Afin de se maintenir à la hauteur de ses fonctions, il se remit à lire toutes les brochures que Français et Allemands ont publiées sur la tactique de cavalerie. Puis, de la théorie passant à la pratique, il faisait des tournées d'inspection générale qui ne lui laissaient pas dans la journée une minute de loisirs. Avant même son installation à Limoges, on voit l'inspecteur général à Paris, à Rennes, à Dinan, à Nantes, à Bordeaux, à Libourne, heureux après une journée commencée à quatre heures du matin, de se débarrasser le soir de sa jambe de bois pour prendre un repos nécessaire et mérité.

Sonis aimait et appréciait cette vie de fatigue. Il n'avait pas encore connu ces dégoûts du métier, des occupations quotidiennes, qui sont souvent un des côtés douloureux de la vie. Cette épreuve ne devait pas lui manquer. Un accident survenu vers la fin de l'année 1881, réduisit le général à un certain état d'impuissance, qui ajouta les angoisses morales aux difficultés et aux souffrances physiques.

Au mois de septembre, de grandes manœuvres avaient eu lieu à Tantonville, en Lorraine. Le général y assista. Un cheval dont il se croyait sûr se cabra et fit de tels sauts qu'il lança le cavalier à terre en brisant sa jambe de bois. Cette chute, qui aurait pu tuer Sonis, sembla d'abord moins malheureuse que toutes celles qu'il avait déjà faites. Il put le lendemain remonter à cheval et assister à toutes les manœuvres; mais désormais, il perdit la sécurité.

Cette sûreté, cette confiance avec laquelle le brillant cavalier montait les chevaux les plus ardents n'était plus le partage du général. Sonis ne se sentait plus sûr de lui et il se dit dès lors que sa carrière était terminée. Cette idée d'une vie finie, d'une retraite prochaine ne le quitte plus. La mélancolie qui s'attache au calme et aux demi-teintes du crépuscule, va s'étendre comme un voile sur l'existence de cet homme que les peines ont vivement atteint, mais que l'*inexorable ennui* que l'on porte en soi-même, selon l'énergique expression de Bossuet, n'avait pas encore touché.

Pour la première fois, le mot de découragement se trouve sous sa plume.

« S'il était permis de se laisser aller au découragement, écrit-il, ce serait certes bien mon cas. Je suis sous l'empire d'une grande tristesse que je réussis mal à secouer. »

Tout l'attriste. Ce qu'il voit dans le monde, autour de lui, et surtout ce qu'il porte en lui-même.

« Hélas ! dit-il une autre fois, je ne suis plus de ceux qui ont le cœur ouvert aux prochaines espérances.

» J'ai pris mon état en dégoût. J'en suis fatigué de toutes manières. Cette vie de perpétuel mouvement pour un malheureux qui ne peut tenir debout, me paraît un contre-sens insupportable. Et ces voyages sans fin, suivis d'innombrables paperasses, me font une existence bien dure. De plus, je n'ai plus de confiance dans mes moyens de tenue à cheval. Il me semble à chaque instant que je vais être désarçonné ; aussi, cet exercice qui constituait pour moi une seconde nature, m'est devenu très pénible. »

Seulement, ce découragement parfois si profond, n'est jamais sans remède. Sonis sait où le chrétien doit chercher et trouver la force. Ses plaintes se terminent toujours en prières.

« Daigne Notre-Seigneur me donner un cœur vaillant pour porter mon fardeau ! »

Ce fardeau, il éprouvait le besoin de le déposer, de faire une petite halte avant le grand voyage, le voyage éternel, afin de s'y mieux préparer :

« J'éprouve un immense besoin de bonnes et fortes lectures, de prières, de vie en Dieu. Une vie pauvre, dans un petit coin bien obscur, près d'une église. »

Tel est le rêve de ce héros.

Au mois de juillet 1882, il se vit contraint de le réaliser.

Obligé d'aller à Bordeaux pour inspecter sa brigade, le général de Sonis, faute de chevaux qu'il pût monter, dut renoncer à commander sa division aux grandes manœuvres de Bléré, dans l'Indre-et-Loire. C'était là un signal attendu et redouté. Sonis comprit qu'il devait renoncer à exercer désormais le noble métier de sa vie.

Il écrivit immédiatement à son général en chef :

« Mon général, je viens de rentrer à Limoges, après avoir terminé ma tournée d'inspection générale.

» Je demeure convaincu que je ne suis plus assez cavalier pour commander une inspection de cavalerie. Il me répugne de signaler mon impuissance devant une réunion aussi nombreuse d'officiers de mon arme et de terminer ma carrière d'une manière peu honorable.

» Je vous prie de me permettre d'adresser le dossier des manœuvres que j'ai entre les mains, au plus ancien général que vous désignerez.

» Je vous serai reconnaissant de provoquer ma mise en disponibilité, jusqu'au moment où, ayant rempli tous mes devoirs d'inspecteur général, j'adresserai au ministre ma demande de retraite. »

Il existait alors à Paris une commission mixte de travaux publics au ministère de la Guerre. Cette commission se réunissait tous les mois pendant une heure et demie. La situation était honorable ; elle laissait les plus complets loisirs. « On y met, expliquait Sonis, les personnages dont on se défie. » Cette place lui fut offerte et il l'accepta. La solde valait mieux que la pension de retraite et le général se montra satisfait de ce semblant d'activité qu'il appelait dans son expressive langue militaire « un enterrement de première classe. »

A Paris, l'infirme put réaliser son rêve. Il se logea à Passy, près du bois de Boulogne, dans un quartier tranquille, à proximité d'une chapelle privée et dans le voisinage des Pères Carmes qui avaient toute sa confiance.

Madame de Sonis était entrée aussi dans le Tiers-Ordre du Carmel. Le général éprouvait une douce satisfaction à réciter avec elle chaque jour le petit office de la Sainte Vierge en union avec les tertiaires. Il priait, lisait, méditait, s'occupait des études de François, son dernier-né, et préludait ainsi dans le recueillement, la retraite, la séparation du monde, à la grande séparation que l'affaiblissement de sa santé ne laissait, hélas ! que trop prévoir.

Durant ces dernières années, les jours et les nuits du général de Sonis n'étaient plus qu'une alternative de souffrances et de mieux trompeurs.

Au pied gelé à Loigny survint une douloureuse inflammation, une extrême sensibilité nerveuse lui causait dans les muscles de pénibles tiraillements ; une chute faite sur le parquet de sa chambre le meurtrit et la continuité de ses souffrances lui permet de dire : « Je sens venir la mort ; mais je m'efforce de penser que Dieu est un bon père et qu'après tout, une seule chose importe, c'est qu'il soit aimé, glorifié et servi. »

Une dernière saison passée à Amélie-les-Bains sembla rendre au pauvre martyr un peu des forces qu'il avait perdues. Ce n'était qu'un mieux factice. Dieu ne voulait pas enlever à son fidèle serviteur ce sceau de la souffrance qui est la marque de ses élus.

Le ministre de la Guerre fut l'instrument d'une nouvelle et dernière injustice qui enleva à M. de Sonis sa place à la commission mixte des travaux publics, dernier hommage rendu au généreux défenseur de la patrie.

Sur la remarque d'un homme de cœur qui eut le courage de dire au ministre que la révocation pure et simple de M. de Sonis ferait dans l'armée un déplorable effet, le gouvernement laissa une solde au vieux vétéran, comme on donne, disait Sonis lui-même, un

morceau de pain à un pauvre pour s'en débarrasser.
Il fut nommé membre adjoint du comité de cavalerie.
C'était là un congé poli. Le mot *adjoint* signifiait qu'on
se réservait de l'appeler quand on aurait besoin de lui.

Ce ne fut pas le ministre de la Guerre qui appela le
général de Sonis ; ce fut le souverain Maître qui jugea
que l'heure de la récompense avait sonné.

Aussi bien, l'oubli et l'ingratitude des hommes n'a-
vaient servi qu'à faire monter plus vite et plus haut
cette âme pour laquelle les liens terrestres se brisaient
peu à peu.

Seules, les prières, les bonnes œuvres et les affections de famille la retenaient encore ici-bas. Sonis
écrivait à sa fille religieuse au Sacré-Cœur de
Kientzheim :

« Nous arrivons, chère Marie, au terme de la vie,
étonnés de l'avoir parcourue si vite, nous croyant
toujours jeunes, et ne pouvant nous faire à l'idée de
plier bagage pour l'éternité. Il me semble cependant
que si je n'avais la charge de si graves intérêts, que
si, après moi, l'avenir des miens n'était si gros d'inquiétudes, je déménagerais bien volontiers. Mais il
faut que tout se passe comme il plaira à Dieu, et prier
le bon Maître de tout arranger selon son bon plaisir,

qui ne peut être que de nous réunir tous dans son ciel et dans son divin cœur. »

Ce détachement n'empêchait pas le général de s'occuper des œuvres de zèle et de contribuer, autant que son infirmité le lui permettait, à la prospérité des associations catholiques, la grande force de résistance au progrès du mal et de l'impiété moderne.

Il avait voulu entrer dans l'œuvre de la *Fraternité du salut* établie dans les quartiers ouvriers pour la régénération morale du peuple et le renouvellement de l'esprit de famille.

Les ouvriers ont une réunion mensuelle. Ils s'engagent d'honneur et devant Dieu à ne pas aller au cabaret, à assister à la messe du dimanche et à donner chaque semaine leur paye entière à leur femme pour les besoins du ménage. Le général assistait régulièrement aux réunions, entendait la messe, y communiait, à la grande édification des ouvriers catholiques qui l'entouraient.

Cette conduite extérieure n'était d'ailleurs que le pâle reflet des sentiments qui l'animaient. Ainsi qu'il le disait de sa sœur, la Mère Marie du Saint-Sacrement, lui aussi était arrivé sur ces sommets d'où il fait bon prendre son vol vers l'éternité.

On a retrouvé dans ses papiers, après sa mort, la prière suivante :

» Mon Dieu, me voici devant vous, pauvre, petit, dénué de tout. Je ne suis rien, je n'ai rien, je ne puis rien ; je suis là à vos pieds, plongé dans mon néant. Je voudrais avoir quelque chose à vous offrir, mais je ne suis que misère. Vous, vous êtes mon tout, vous êtes ma richesse.

» Mon Dieu, je vous remercie d'avoir voulu que je ne fusse rien devant vous. J'aime mon humiliation, mon néant. Je vous remercie d'avoir éloigné de mon esprit quelques satisfactions d'amour-propre, quelques consolations du cœur. Je vous remercie des déceptions, des inquiétudes, des humiliations. Je reconnais que j'en avais besoin, et que ces biens auraient pu me retenir loin de vous.

» O mon Dieu, soyez béni quand vous m'éprouvez. J'aime à être brisé, consumé, détruit par vous. Anéantissez-moi de plus en plus. Que je sois à l'édifice non comme la pierre travaillée et polie par la main de l'ouvrier, mais comme le grain de sable obscur, dérobé à la poussière du chemin.

» Mon Dieu, je vous remercie de m'avoir laissé entrevoir la douceur de vos consolations ; je vous remer-

Madame de Sonis, à genoux près du lit, tenait la main du mourant
et posait sur ses lèvres le crucifix. (Page 324.)

cie de m'en avoir privé. Tout ce que vous faites est juste et bon. Je vous bénis dans mon indigence; je ne regrette rien, sinon de ne pas vous avoir assez aimé.

» Je ne désire rien, sinon que votre volonté soit faite. Vous êtes mon Maître et je suis votre propriété. Tournez et retournez-moi; détruisez et travaillez-moi. Je veux être réduit à rien pour l'amour de vous. O Jésus, que votre main est bonne, même au plus fort de l'épreuve!

» Que je sois crucifié, mais crucifié par vous. »

On voit que la victime était prête. L'heure du sacrifice ne devait plus être loin.

Le second dimanche du mois d'août, le général de Sonis, qui avait un peu de fièvre depuis quelques jours, se leva comme à l'ordinaire. On lui apporta la sainte communion, qu'il reçut avec sa ferveur habituelle. Sa famille n'avait pas d'inquiétude, lorsque, le lendemain matin, une crise d'étouffement faillit l'emmener.

On prévint à la hâte le R. P. Albert, religieux carme, son confesseur.

Avec toute sa connaissance, le général reçut les derniers sacrements; puis, l'agonie commença. Elle dura plusieurs heures. Madame de Sonis, à genoux près du lit, tenait la main du mourant et posait sur ses lèvres le crucifix, sur les pieds duquel ce vaillant ami de la croix exhala son dernier soupir.

Le général de Sonis avait dit aux deux pauvres mobiles qui étaient venus, sur le champ de bataille de Loigny, lui demander de leur apprendre à mourir :

« Sur le seuil des espérances éternelles, l'Eglise a placé Marie, afin d'inspirer confiance à ceux qui doivent le franchir. »

La Vierge immaculée était venue chercher son enfant de prédilection le jour de son glorieux triomphe. Le général de Sonis est mort le 15 août, fête de l'Assomption de l'année 1887.

Il habitait alors le n° 2 de la rue de Sontay, au coin de la place d'Eylau. Ce fut dans l'église de Saint-Honoré d'Eylau que les obsèques eurent lieu.

Profondément blessé de la défense faite aux troupes de pénétrer dans le lieu saint, M. de Sonis avait témoigné, avant sa mort, sa volonté formelle de refuser pour sa dépouille mortelle les honneurs militaires. Il avait dit un jour à son fils Henri : « Je veux être enterré comme un pauvre. Sur ma tombe, une simple pierre avec ces mots : *Miles Christi*, soldat du Christ. »

Cette tombe ne pouvait être placée ailleurs qu'à Loigny.

Lorsqu'après la guerre, M. de Sonis était retourné dans ce lieu cher à son souvenir, il avait été frappé de la pauvreté de cette église de village et en avait rêvé la restauration.

Aussi, quelle n'avait pas été sa joie lorsque M. Wagner, rédacteur du journal *l'Espérance*, à Nancy, proposa à M. de Sonis de faire partie d'un comité de souscription pour cette œuvre née d'une pensée aussi patriotique que religieuse!

Sonis avait donc accepté, en demandant toutefois la présidence de la commission pour son ami le colonel de Charette.

En peu de temps la somme nécessaire fut recueillie, les travaux entrepris, menés à bonne fin. Charette s'était réservé un modeste caveau dans la crypte de la nouvelle église. On y avait célébré, au jour anniversaire de la bataille, un service solennel pour les victimes du 2 décembre. En apprenant la mort du général, le chef des Volontaires de l'Ouest s'empressa d'offrir à la famille de Sonis de partager avec son cher compagnon d'armes le lieu de sa sépulture.

La nouvelle église de Loigny était dédiée au Sacré-Cœur. Les volontaires de l'Ouest étaient à plus d'un titre les soldats du Sacré-Cœur. Ils avaient combattu à l'ombre de son drapeau ; ils s'étaient consacrés solennellement à ce Cœur divin dans une imposante cérémonie célébrée dans la chapelle du séminaire de Rennes le jour de la Pentecôte, 28 mai 1871. M. de Sonis en convalescence à Castres, encore trop faible pour entreprendre un si long voyage, leur avait envoyé une formule de consécration que Mgr Daniel, aumônier des zouaves, avait pieusement récitée devant le Saint-Sacrement solennellement exposé. Après lui, le baron de Charette, d'une voix claire et vibrante, avait confirmé les paroles sorties du cœur du pieux général en disant à ses soldats :

« A l'ombre de ce drapeau teint du sang de nos plus nobles victimes, moi, général baron de Charette, qui ai l'insigne honneur de vous commander, je consacre au divin Cœur de Jésus mes volontaires de l'Ouest, zouaves pontificaux : avec ma foi de soldat, de toute mon âme, je dis et vous demande de dire avec moi : Cœur de Jésus, sauvez la France ! »

Il était bien juste que le général de Sonis demeurât

uni dans la mort à cette troupe d'élite dont il avait été en un jour mémorable le chef, l'exemple et l'honneur.

C'est pourquoi les obsèques célébrées à Saint-Honoré d'Eylau ne pouvaient être qu'un prélude de l'imposante cérémonie de Loigny.

A Paris, les amis du général, des prêtres, des religieux, des représentants des œuvres catholiques, un grand nombre d'officiers de cavalerie vinrent spontanément rendre hommage à ce vaillant.

Le général Lhotte, au nom du ministre de la Guerre, prononça quelques paroles émues devant la porte du temple. Puis, le corps fut déposé dans les caveaux de l'église en attendant l'inhumation, fixée au 22 septembre.

Nul jour ne pouvait être mieux choisi. On célébrait la fête d'une troupe de soldats martyrs : la fête de saint Maurice et de ses braves compagnons de la légion thébaine.

L'église de Loigny, tendue de deuil, était ornée de drapeaux retenus par un écusson aux armes de Sonis. Il rappelait les dates glorieuses de la vie du héros :

Solférino, 1859! Maroc, 1860! Metlili, 1866! Aïn-Madhi, 1869! Loigny, 1870!

La foule se pressait émue et recueillie dans les nefs, ce jour-là trop étroites pour contenir plus de deux cent cinquante prêtres, parmi lesquels M. l'abbé Bastard, l'aumônier du 16e corps qui avait relevé Sonis sur le champ de bataille, et M. l'abbé Theuré, le généreux curé de Loigny qui l'avait recueilli et soigné sous son toit.

Les enfants du général, deux filles et six fils, dont quatre en uniforme, entouraient le catafalque.

Après l'absoute, le corps fut déposé dans la crypte. Une simple pierre recouvre le caveau. On y lit aujourd'hui cette épitaphe :

Dies XXII sept. 1887
In spem vitæ — hic depositus est — et requiescit —
Miles Christi.
Gaston de Sonis
général de division
né le 27 août 1825
décédé le 15 août 1887
Priez pour lui.

Ce fut Mgr Freppel, de célèbre et éloquente mémoire, qui prit la parole pour louer celui qui, dans son humilité, aimait tant l'obscurité et le silence, et dont les lèvres glacées par la mort ne pouvaient plus protester contre des éloges auxquels l'auditoire, sans le respect dû au lieu saint, aurait volontiers applaudi.

Mgr l'évêque d'Angers avait choisi comme texte de son discours ce verset de l'Ecriture :

« Il a aimé Dieu de tout son cœur et Dieu lui a donné la force en face de l'ennemi. »

Une péroraison éloquente suivit ces paroles qui résumaient, en effet, toute la vie du général. La gloire humaine, qu'il n'avait pas appelée, était venue le chercher. Mais cette gloire passe, s'efface et ne s'emporte pas dans l'autre monde. Gaston de Sonis s'était attaché surtout à ce qui est éternel. Il avait aimé Dieu de tout son cœur, et il continue, là-haut, dans une extase sans fin, l'exercice de cet amour si bien commencé ici-bas.

TABLE DES MATIÈRES

1 fort vol. in-8º illustré de nombreuses compositions. (Couverture illustrée.)

Les Jeudis de mes filleuls *ou l'Histoire sainte racontée aux enfants*, 2 vol. in-8º illustrés de 150 gravures. (Couvertures illustrées). Chaque volume se vend séparément; le tome I renferme l'*Ancien Testament*, le tome II le *Nouveau Testament*.

Foi et Honneur, par J. Massin. 1 joli vol. in-8º illustré de nombreuses compositions hors texte par Barentin. (Couverture illustrée.)

Légendes d'Auvergne, par Ludovic Soubrier, 1 beau vol. in-8º illustré de nombreuses compositions hors texte, vignettes, culs-de-lampe, lettres ornées. (Couverture illustrée.)

Les Mémoires d'un gros sou, par Sylva Consul. 1 beau vol. in-8º illustré de nombreuses compositions hors texte par F. Bouisset. (Couverture illustrée.)

Négro. *Aventures d'un Caniche parisien*, par Sylva Consul. 1 beau vol. in-8º illustré de nombreuses compositions hors texte par J. Maurel. (Couverture illustrée.)

Faits et gestes d'enfants. *Nouvelles*, par M. l'abbé Ludovic Briault. 1 fort vol. in-8º illustré de belles compositions hors texte par F. Bouisset. (Couverture illustrée.)

Les Conversions célèbres, par Léo Taxil. 1 fort vol. in-18 jésus illustré de belles gravures hors texte.

Jeanne d'Arc, par M. l'abbé Mouchard. 1 petit vol. in-8º illustré de nombreuses gravures. (Belle couverture.)

Christophe Colomb, par M. T. Joséfa. 1 fort vol. in-8º illustré de nombreuses compositions hors texte, vignettes, culs-de-lampe. (Couverture illustrée.)

Réponses courtes et familières aux objections les plus répandues contre la religion, par Mgr de Ségur. 1 fort vol. in-8º illustré de nombreuses compositions hors texte, par F. Bouisset. (Couverture illustrée.)

Notre-Dame de Lourdes, par Henri Lasserre. 1 fort vol. in-8º illustré de nombreuses compositions dans et hors texte. (Couverture illustrée.)

Les Épisodes miraculeux de Lourdes, par Henri Lasserre, 1 fort vol. in-8º illustré de nombreuses compositions dans et hors texte. (Couverture illustrée.)

Bernadette (*Sœur Marie Bernard*), par Henri Lasserre. 1 fort vol. in-8º illustré de nombreuses compositions dans et hors texte. (Couverture illustrée.)